ここからはじめる！これならわかる！

小規模宅地特例の入門
Q&A

【第4版】

辻・本郷 税理士法人 著

税務経理協会

はじめに

　平成27年1月1日より、相続税のかかるボーダーライン（基礎控除）が4割引き下げられました。これは大変な増税となる場合がある大きな改正です。
　相続人が3人の場合、改正によってボーダーラインが8,000万円から4,800万円となります。例えば、自宅4,000万円、金融資産3,000万円、合計7,000万円を持っている方が亡くなった場合、改正前は申告の必要がありませんでした。しかし、改正後は申告が必要となります。
　この改正により申告が必要な人は改正前の1.5倍になると推定されています。特に首都圏は土地の価格が高いため、その影響は大きいでしょう。

　さて、相続財産のうちで一番高額なものといえば、一般的には土地である場合が多いといえます。自宅や事業のために使用している土地は、残された親族の生活のために不可欠なものである場合が多く、もし、相続税の納税のためにこれら生活に不可欠な土地を売却して資金を捻出しなければならないとしたら、多くの人はとても納得できないと考えるでしょう。
　そこで、これらの問題を解決するためにできた制度が、本書のテーマでもある「小規模宅地等の特例」です。一定の要件を満たす場合に、一定の面積までの土地の評価額を80％又は50％減額できる制度で、80％減額が適用できると1億円の評価額であったとしても2,000万円の評価額で申告することができます。
　小規模宅地等の特例を適用した場合、納税者は非常に優遇されることになるため、その適用要件についてはかなり細かく定められています。しかしながら、筆者があちこちで行ってきた税務相談の経験からすると、この要件を軽く考えている人が多くいます。例えば「同居親族である」という要件であれば、「住民票だけ親と一緒になっていればいいんですよね？」と考えている方々です。
　この特例は効果が大きいだけに、税務当局も適用にあたっては非常に細かいチェックを入れてきます。本書にも収録されている裁決・判決例のように、納

税者と税務当局の意見が対立し裁判に発展することもあります。したがって，生前の相続対策としては，特例が適用できなかったときでもしっかりと納税できるかどうかの検討からスタートさせることが大切です。

　本書は，税金の勉強をしたことのない方や，これから相続税の申告にチャレンジしてみようと考えている会計事務所の方等への入門書として執筆しました。筆者が実務の現場で受けた様々な質問をQ&Aで収録しています。多くの事例を取り上げていますので一つでも参考になれば幸いです。

　第4版改訂にあたっては，平成30年度税制改正により要件が厳しくなった点について事例を追加しました。相続税の計算は，あくまで相続時点の状況が重要なポイントとなりますので要件をしっかり確認していただければと思います。

　税制は常に変わります。小規模宅地等の特例でも，要件が厳しくなったり，逆に緩和されたりしています。今後，相続対策として小規模宅地等の特例を活用しようと考えている方は，是非この税制改正に注目してください。今は適用できていても，相続の発生する将来は適用できなくなる可能性があります。また，個別要素の強い事案については，ご自身の判断のみならず，相続に強い税理士に相談することをお勧めします。

　最後になりますが，この本を手にした一般の方には，実際に起こった相続での一助に，会計事務所の方には，実務の現場での一助になることを祈念しております。小規模宅地等の特例の基本を理解したうえで賢い対策をしてください。

平成30年7月
辻・本郷税理士法人理事長　徳田孝司

目次 CONTENTS

はじめに

第1章 小規模宅地特例とは

1. 相続税と小規模宅地等の特例 …………………………………… 2
2. 宅地の評価方法 …………………………………………………… 6
3. 特例の種類と計算例 ……………………………………………… 10
4. 事業用の宅地を相続 ……………………………………………… 13
5. 居住用の宅地を相続 ……………………………………………… 16
6. 調整計算式の紹介(平成25年改正含む) ……………………… 20
7. 近年の改正 ………………………………………………………… 22

第2章 Q&Aで理解する適用のポイント

特定居住用宅地等(自宅の土地)

事例 1 夫所有の自宅を妻が相続 ……………………………………… 36
　　　　 配偶者取得
事例 2 父の自宅を同居の娘が相続 …………………………………… 38
　　　　 同居親族
事例 3 叔父の持ち家に住んでいた娘が相続 ………………………… 41
　　　　 3年内家なき子
事例 4 持ち家を同族会社に売却した息子が相続 …………………… 43
　　　　 3年内家なき子
事例 5 無償で住んでいた父所有の土地・建物の相続 ……………… 45
　　　　 生計一親族
事例 6 仮換地指定を受けた場合 ……………………………………… 47
　　　　 仮換地
事例 7 隣地に相続人所有の家屋があった場合 ……………………… 49
　　　　 同居親族　3年内家なき子

事例 8	相続対策として自宅を二世帯住宅に建て替えた場合 …………… 51
	同居親族　二世帯住宅

事例 9	敷地内に家屋が二つ以上ある場合 …………………………… 53
	生計一親族　複数適用

事例 10	生計を一にしていた被相続人の宅地が複数ある場合 ………… 55
	生計一親族　複数適用

事例 11	二世帯住宅への適用 …………………………………………… 57
	二世帯住宅

事例 12	親子で共有している二世帯住宅 ……………………………… 59
	二世帯住宅　共有　生計一親族

事例 13	区分所有の場合の二世帯住宅（内階段で行き来ができる場合）…… 61
	二世帯住宅　生計一親族

事例 14	二世帯住宅の敷地を相続した場合①（配偶者がいる場合）………… 65
	二世帯住宅　共有

事例 15	二世帯住宅の敷地を相続した場合②（配偶者がいない場合）……… 67
	二世帯住宅　共有

事例 16	相続人が海外に居住している場合 …………………………… 69
	非居住者

事例 17	終身利用型有料老人ホームに入所した場合① ………………… 71
	老人ホーム

事例 18	終身利用型有料老人ホームに入所した場合② ………………… 73
	老人ホーム

事例 19	老人ホームに入所中に相続が開始した場合 ………………… 75
	老人ホーム

事例 20	要介護認定の申請中に死亡した場合の取扱い ……………… 77
	老人ホーム

事例 21	空き家を売却した場合の3,000万円控除との関係 …………… 79
	老人ホーム

事例 22	二次相続に有利な取得者・取得面積 ………………………… 81
	同居親族　有利選択

事例 23	特定居住用宅地等と貸付事業用宅地等の選択適用 …………… 83
	貸付事業用宅地等　有利選択

事例 24	住民票を移さずに転居先で亡くなった場合 ………………… 85
	生活の拠点

事例 25	別居する母の自宅に住民票だけ移した場合 ………………… 86
	同居の証明

事例 26	私道部分への適用 ……………………………………………… 88
	私道

特定事業用宅地等／特定同族会社事業用宅地等（店舗や会社の土地）

- 事例27 事業を引き継いだ場合 …………………………………… 90
  特定事業用宅地等 要件
- 事例28 父と共同出資したスーパーの土地・建物 …………………… 92
  特定同族会社事業用宅地等 要件
- 事例29 医療法人に貸し付けている土地 ………………………………… 94
  特定同族会社事業用宅地等 医療法人
- 事例30 同族会社に無償で貸し付けている宅地 ……………………… 96
  特定同族会社事業用宅地等 相当の対価
- 事例31 同族会社が不動産貸付業を営んでいる場合 ……………… 98
  特定同族会社事業用宅地等 一定の事業
- 事例32 建物を使用貸借している場合 ……………………………… 100
  特定同族会社事業用宅地等 使用貸借

貸付事業用宅地等（貸家・アパートの土地）

- 事例33 貸付事業を継ぐ場合の貸家・土地の相続 ………………… 102
  要件
- 事例34 不動産賃貸を開始した時期 ……………………………………… 105
  適用対象
- 事例35 建築中アパートへの適用 ……………………………………… 107
  事業の中断
- 事例36 敷地の賃借人に無償で貸している私道の評価 …………… 109
  私道
- 事例37 空室があるアパートの評価額 ………………………………… 111
  減額計算 空家
- 事例38 １室だけ所有している賃貸マンションが空室の場合 …… 113
  空家
- 事例39 アスファルト舗装されただけの駐車場への適用 ………… 115
  構築物等の敷地
- 事例40 経営するアパートの敷地を無償で借りている場合 ……… 117
  使用貸借 相当の対価
- 事例41 申告期限までに宅地等の一部の譲渡があった場合 ……… 119
  一部譲渡
- 事例42 建物を共有している場合 ……………………………………… 121
  共有

申告・計算等

| 事例43 | 特例適用のために必要な添付書類 …………………123
必要書類 |
| 事例44 | 未分割の場合の相続税の申告 ………………………125
未分割 |
| 事例45 | 申告期限後の特例の適用 ……………………………127
特定居住用宅地等 |
| 事例46 | 申告期限前に自宅を売却した場合 …………………129
特定居住用宅地等 | 配偶者 | 同居親族 |
| 事例47 | 遺産分割協議に際しての留意点 ……………………131
特定居住用宅地等 | 金融資産での調整 |
| 事例48 | 適用する宅地が複数ある場合の調整計算 …………133
限度面積 | 調整計算 | 有利選択 |

特殊事情のあるもの

| 事例49 | 相続時精算課税贈与により取得した土地・建物 ……135
相続時精算課税 |
| 事例50 | 相続時精算課税贈与で取得した土地への適用 ………137
相続時精算課税 |
| 事例51 | 自宅兼事務所を共有で相続した場合 ………………138
特定居住用宅地等 | 特定事業用宅地等 | 共有 |
| 事例52 | 遺留分減殺請求による適用宅地等の変更① …………142
特定居住用宅地等 | 貸付事業用宅地等 | 選択替え |
| 事例53 | 遺留分減殺請求による適用宅地等の変更② …………144
特定居住用宅地等 | 貸付事業用宅地等 | 選択替え |
| 事例54 | 申告期限までに分割がまとまらない場合 …………146
未分割の宅地 | 更正の請求 |
| 事例55 | 海外に所在する宅地等への適用 ……………………148
国外財産 |

第3章 判例・裁決例の検討

1. 居住の用に供されている宅地の意義 …………………………………150
2. 生計一親族の居住用宅地等として申告をしたが認められなかった事例 ……154
3. 相続開始直前の居住の用の意義 ……………………………………157
4. 賃貸用の青空駐車場への適用の可否 ………………………………161
5. 相続人の選択同意について …………………………………………164

付録 重要法令・通達のポイント解説

租税特別措置法 ……………………………………………………………170
租税特別措置法施行令 ……………………………………………………174
租税特別措置法施行規則 …………………………………………………176
租税特別措置法通達 ………………………………………………………176

第1章
小規模宅地特例とは

1 相続税と小規模宅地等の特例

1 相続税の計算

　相続税は，亡くなった人（被相続人といいます）の，全ての財産と債務を集計して計算します。その財産と債務の差額（純財産額）が，相続税の基礎控除を超える場合に，相続税の申告と納税が必要となります。この相続税の基礎控除は，平成26年12月31日までの相続又は遺贈については，「5,000万円＋1,000万円×法定相続人の数」により計算していました。しかし，平成25年度税制改正により，この基礎控除が引き下げられ，平成27年1月1日以降は，「3,000万円＋600万円×法定相続人の数」となっています。

　例えば，父と母，子供2人の4人家族で，父に相続が発生したときは，法定相続人が3人となるため，平成26年12月31日までは基礎控除が8,000万円でしたが，平成27年1月1日以降は4,800万円となります。

　この平成25年度税制改正により，相続税の申告が必要な方が相当数増加し，実務上の影響はかなり大きいものといえます。

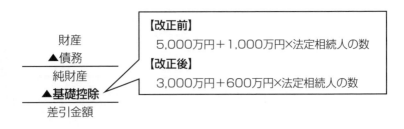

2 小規模宅地等の特例

　このように，相続税の基礎控除が引き下げられたことにより，相続税が増税されることになりましたが，場合によっては，相続税がかからない，若しくは，

相続税の負担が大きく軽減できる方法があります。それが「小規模宅地等の特例」の適用です。

この小規模宅地等の特例は，簡単にいうと，建物や構築物の敷地となっている宅地で，被相続人や被相続人と生計を一にしていた親族（被相続人等）が，住んでいた宅地や事業を行っていた宅地を，一定の親族が相続したときに，一定の限度面積まで，その宅地の評価額を80％又は50％減額してくれる制度をいいます。例えば，1億円の宅地の評価額が2,000万円に下がることとなり，場合によっては，小規模宅地等の特例適用後の純財産額が基礎控除を下回り，相続税がかからないこともあります。

この制度の趣旨は，例えば配偶者や同居親族の住んでいた自宅を，相続税の納税のために売却することのないようにすることにあります。大幅な軽減となるため，その適用にあたっては様々な要件があります。

3 申告することが要件

小規模宅地等の特例は，相続税の計算に認められた特例で，様々な要件があります。その一つが申告要件です。

小規模宅地等の特例における80％や50％の減額は，自動的に行われるのではなく，相続税の申告をすることにより減額されます。相続税の申告期限は，被相続人が亡くなってから10カ月以内です。この10カ月以内に申告をしなければなりません。

申告をするかどうかの判定は，小規模宅地等の特例を適用する前の純財産額で判定します。この純財産額が基礎控除を上回っていれば申告をし，小規模宅地等の特例の適用を受けることとなります。

小規模宅地等の特例を受けた結果，その金額が基礎控除を下回る場合には，相続税はかかりません。しかし，申告をすることが前提となります。

以下に，いくつかのパターンを紹介します（前提：法定相続人3人）。

【ケース1】 そもそも相続税がかからない方

　純財産3,000万円≦基礎控除4,800万円

　　∴　純財産の金額が基礎控除以下のため，申告不要

【ケース2】 申告は必要だが，相続税がかからない方

　純財産1億2,000万円

　　（内訳：土地1億円，その他2,000万円，小規模宅地減額8,000万円）

・　申告の判定

　　純財産1億2,000万円＞基礎控除4,800万円

　　　∴　純財産が，基礎控除を超えるため，申告は必要

・　納税義務の有無

　　純財産1億2,000万円▲小規模宅地減額8,000万円＝4,000万円

　　≦基礎控除4,800万円

　　　∴　小規模宅地特例適用後，基礎控除を下回るため相続税なし

【ケース3】 申告も納税も必要な方

　純財産2億円

　　（内訳：土地1億円，その他1億円，小規模宅地減額8,000万円）

・　申告の判定

　　純財産2億円＞基礎控除4,800万円

　　　∴　純財産が，基礎控除を超えるため，申告は必要

・　納税義務の有無

　　純財産2億円▲小規模宅地減額8,000万円＝1億2,000万円

　　＞基礎控除4,800万円

　　　∴　小規模宅地特例を適用しても，基礎控除を上回るため，申告も納税も必要

4　遺産分割が済んでいることも要件

　上記**3**のように，小規模宅地等の特例を受けるためには，相続税の申告が必要となります。相続税の申告をするためには，遺産分割が済んでいる必要があり，

遺産分割が済んでいることが，小規模宅地等の特例の適用要件となります。

遺産分割が済んでいるということは，遺言があり小規模宅地等の特例の対象となる宅地の取得者が決まっているか，遺産分割協議により，遺産分割協議書に相続人全員が署名捺印をしていることをいいます。つまり，遺言がある場合を除き，相続人同士がもめていると，小規模宅地等の特例の適用を受けることができないこととなります。

遺産分割でもめていると，小規模宅地等の特例が適用できず，相続人全員が特例適用時に比べ多額の相続税を支払う必要が生じます。実務上は，相続人の預金から納税することとなり，往々にして困った事態となります。

したがって，遺産分割でもめることが想定されるときは，遺言を書いておくとよいでしょう。後述しますが，小規模宅地等の特例は，取得した人が誰かにより，適用ができるかどうか変わってくるため，適用ができる見込みのある人に宅地を相続させることにより，円滑に特例を適用することができるようになります。

5 遺産分割でもめて，未分割で申告する場合

相続税の申告の必要がある人が，遺産分割でもめてしまい，相続税の申告期限までに遺産分割が完了しない場合には，小規模宅地等の特例や，配偶者の税額軽減などの特例を使わない状態で申告する必要があります。未分割の申告では，法定相続分どおりに分けたものと仮定して相続税を按分しますので，結果として納税のない人でも，とりあえずは法定相続分の納税が必要となります。

遺産分割が済んでいないと，原則として亡くなった人の預金の解約もできません。すなわち，相続人固有の預金から納税する必要があり，しかも，特例の適用はありませんので，税負担が非常に重くなることがあります。

未分割で申告をする場合，「申告期限後3年以内の分割見込書」という書類を申告書に添付します。この場合，申告期限から3年以内に分割が済んだ場合に，分割が済んだ日から4カ月以内に特例を適用して申告をすることにより，払いすぎた相続税の還付を受けることができます。この税金を戻してもらう手続を更正の請求といいます。

2 宅地の評価方法

　小規模宅地等の特例の計算の前提として，宅地の評価があります。この宅地の評価方法は，下記のように決まっています。それぞれの利用状況に合わせて評価をすることとなり，それぞれの評価額から，小規模宅地等の特例を適用することとなります。

　なお，土地の評価方法については決まりがありますが，評価額を下げられる要素に気が付くかどうかは，評価する税理士の腕次第となります。土地の評価額は税理士によってバラツキがありますので，土地の評価が高いときは，相続税に強い税理士に相談してみましょう。

❶ 自用地

　宅地の評価方法は，その宅地の所在地に応じて，路線価方式と倍率方式のいずれかにより評価することとなります。また，他人の権利のついていない宅地のことを，貸宅地等と区別するために，自用地といいます。自分の自宅として使っている宅地は，この自用地に該当します。

(1) 路線価方式

　比較的市街地にある地域の宅地を評価する方法です。その宅地の面する道路（路線）に付された路線価をもととし，奥行価格補正，二方路線影響加算，不整形地補正などの画地補正をした価額に面積を乗じて評価する方式です。路線価は，国税庁のホームページに公開されています。

(2) 倍率方式

　路線価の付されていない宅地を評価する方法です。宅地の固定資産税評価額に国税局長の定める倍率を乗じて計算した価額によって評価する方式です。

　なお，固定資産税評価は，相続税財産評価と同様な画地補正を行うことになっていますので，不整形地補正などの画地補正は原則として行わないことに

なっています。

2 貸宅地

貸宅地とは，他人に土地を貸して，借地権の発生している宅地をいいます。1の自用地から借地権割合を控除した価額が評価額となります。つまり借地権を控除した底地部分の評価額です。借地権割合は地域によって様々ですから，仮に自用地評価1億円の土地で，借地権割合が70％とすると，評価額は3,000万円となります。

（計算例）

敷地：1億円（路線価50万円×200㎡）

借地権割合：70％

　1億円×(1－70％)＝3,000万円

通常，借主から地代をもらっているケースが多いため，貸付事業用宅地等として50％評価減が行える可能性があります。

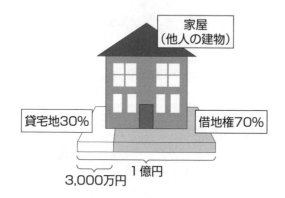

3 貸家建付地

「かしやたてつけち」と読みます。自分の所有する賃貸マンション等の敷地のことをいいます。この場合，借家権と借地権の両方を加味した金額を控除することができます。自用地の評価額から，借家権割合×借地権割合により計算

した割合を控除することができます。

借家権割合は30％ですから，仮に自用地評価1億円の土地で，借地権割合70％とすると，評価額は7,900万円となります。

（計算例）

敷地：1億円（路線価50万円×200㎡）

借地権割合：70％

借家権割合：30％

　　1億円×(1－30％×70％)＝7,900万円

貸家建付地は，家賃収入があり，不動産賃貸業に供していることから，貸付事業用宅地等に該当し，50％減額の対象となります。

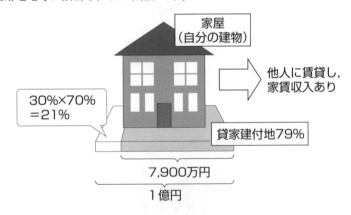

4　参考：家屋の評価

家屋の評価方法は，その家屋の固定資産税評価額に1.0を乗じることにより評価することとなります。また，他人の権利のついていない家屋のことを，貸家等と区別するために，自用家屋といいます。自分の自宅として使っている家屋は，この自用家屋に該当します。

（1）自用家屋

上記のとおり，家屋の固定資産税評価額に1.0を乗じて計算した金額が評価額となるため，その評価額は固定資産税評価額と同額となります。

（計算例）

建物の固定資産税評価額：5,000万円

相続税評価額：5,000万円×1.0＝5,000万円

(2) 貸　　家

自分の所有する建物で，他人に貸しているものをいいます。(1)の自用家屋から借家権割合を控除した金額が評価額となります。

（計算例）

建物の固定資産税評価額：5,000万円

借家権割合：30％

相続税評価額：5,000万円×1.0×（1－30％）＝3,500万円

3　特例の種類と計算例

1　概　　要

相続又は遺贈により取得した居住用又は事業用の宅地について，通常の宅地の評価額から，下記のように一定の面積まで減額割合を乗じた金額を減額することができます。

相続開始直前の状況		要件	減額割合	適用面積
相続開始直前において被相続人等の事業の用に供されていた宅地等	個人の事業用（不動産貸付業等以外）	『特定事業用宅地等』に該当する宅地等	80%	400㎡
	法人（特定同族会社）の事業用（不動産貸付業等以外）	『特定同族会社事業用宅地等』に該当する宅地等	80%	400㎡
	不動産貸付業等の事業用	『貸付事業用宅地等』	50%	200㎡
相続開始直前において被相続人等の居住の用に供されていた宅地等	被相続人の居住用	『特定居住用宅地等』に該当する宅地等	80%	330㎡
	被相続人と生計を一にする被相続人の親族の居住用	『特定居住用宅地等』に該当する宅地等	80%	330㎡

2　計算例

自宅敷地：1億円（路線価50万円×200㎡）

自宅建物：1,500万円（固定資産税評価額）

預貯金：1億3,500万円

有価証券：5,000万円

合計：3億円

相続人：妻，長男（同居），次男（別居）

遺産分割：自宅は長男，自宅以外は下記参照

	合計	妻	長男	次男
自宅敷地	1億円		1億円	
自宅建物	1,500万円		1,500万円	
預貯金	1億3,500万円	7,000万円	2,500万円	4,000万円
有価証券	5,000万円	3,000万円	1,000万円	1,000万円
合計	3億円	1億円	1億5,000万円	5,000万円
小規模減額[※1]	▲8,000万円		▲8,000万円	
差引	2億2,000万円	1億円	7,000万円	5,000万円
相続税	3,200万円	1,455万円	1,018万円	727万円
配偶者軽減[※2]	▲1,455万円	▲1,455万円		
納税額	1,745万円	0円	1,018万円	727万円

※1　小規模減額：1億円×200㎡／200㎡×80％＝8,000万円
※2　配偶者軽減：配偶者は，財産のうち，1億6,000万円か，法定相続分（今回は2分の1）のいずれか大きい金額を取得したとしても，相続税がかかりません。今回のケースでは，妻は1億円を取得していますが，1億6,000万円までは相続税がかからないため，納税額が0円となります。

　今回の事例では，小規模宅地等の特例の適用により，財産評価において8,000万円の減額がありました。

　3億円をベースに上記の遺産分割で相続税を計算すると3,813万円となります。しかし，上記のように小規模減額を適用し，2億2,000万円で相続税を計算すると，1,745万円になります。

　この事例では，妻か，同居をしている長男が，自宅を相続すると小規模宅地等の特例が適用できます。妻は，配偶者軽減があるため，自宅を相続しなくても相続税が軽減されます。また，二次相続を考えたときも，妻が自宅を相続すると次の相続財産が増加するため，一次と二次の合計の相続税が多くなる可能性があります。そのため，事例のように同居親族がいるときは，同居親族が自宅を相続することも一つの方法です。

3 その他の要件

小規模宅地等の特例は，上記「特定事業用宅地等」「特定同族会社事業用宅地等」「貸付事業用宅地等」「特定居住用宅地等」の種類ごとにそれぞれ，取得者や所有などについて要件があります。共通する要件としては次のものがあります。

① 原則，申告期限までに，相続人等によって遺産分割が完了した宅地であること
② 小規模宅地等の特例の適用を受けられる宅地を取得した全ての相続人の同意があること
③ 相続税の申告書に小規模宅地等の特例の適用を受けようとする旨を記載し，明細書その他の添付書類があること

4 事業用の宅地を相続

1 概　　要

　被相続人の所有していた宅地が，被相続人や被相続人と生計を一にする親族，又は特定同族会社の事業の用に供されていたときは，一定の親族がその宅地等を取得し，相続税の申告期限まで，事業を継続したときに，400㎡まで80％減額することができます。

　ただし，その事業内容が，不動産賃貸業（アパートやマンション等の賃貸業）であるときは，200㎡まで50％減額となります。

2 特定事業用宅地等（個人事業）

　特定事業用宅地等とは，被相続人等の事業（不動産貸付事業等を除く）の用に供されている宅地等で，相続によりその宅地等を取得した親族が，次のいずれかを満たした宅地をいいます。

① 宅地を取得した親族が申告書の提出期限までに被相続人の事業を引き継ぎ，申告期限までその宅地を有し，その事業を営んでいること（被相続人の事業を，親族が引き継ぎ，その親族が宅地を取得し，事業を継続しているケース）

② 宅地等を取得した親族が，被相続人と生計を一にしていた者で，申告期限まで引き続き宅地を所有し，かつ，自己の事業の用に供していること（被相続人の宅地の上で，生計一親族が事業を行い，その宅地を取得し，引き続き事業を行っているケース）

　上記の場合，宅地は特定事業用宅地等に該当します。
　①は被相続人の事業を引き継ぐ場合，②は宅地等を取得した親族が自分の事

業を継続する場合になります。いずれにしても、相続税の申告期限までその宅地を取得し、事業を継続することが前提となりますので、途中で事業を廃業すると、特例の適用は受けられなくなります。

3 特定同族会社事業用宅地等（法人の事業）

特定同族会社事業用宅地等とは、被相続人等の個人としてではなく、会社として事業を行っている宅地をいいます。

相続開始直前に被相続人等の持っている株式の総数又は出資の金額が、その会社の発行済株式総数又は出資金額の50％超である会社の事業の用に供された宅地等で、かつ、被相続人がその会社に賃貸しているもので、宅地を取得した親族が次の要件を満たす必要があります。

① 申告期限において法人の役員であること
② 申告期限まで引き続きその宅地を所有していること

4 貸付事業用宅地等

実務的には、居住用の次に適用している件数が多いものとなります。家賃収入のあるアパートやマンションの敷地が対象となり、申告期限までに宅地を取得し、事業を継続することにより、適用を受けることができます。

貸付事業用宅地等に該当する敷地は、貸家建付地として評価した価額から50％減額されることとなります。

自宅と賃貸マンションを持っている被相続人の場合、自宅で使いきれなかった減額の部分を、貸付事業用宅地等から減額するケースが一般的に多いものと考えられます。これは、減額面積が特定居住用の方が大きいことと、貸家建付地の場合、宅地の単価が低くなりがちであり、居住用から小規模宅地等の特例を適用する方が得になることが多いからです。

しかし、自宅が地方にあり、都心に賃貸マンションを持っている場合、都心の路線価の方が大幅に高くなるときがありますので、都心の賃貸マンションから減額した方が有利になるケースもあります。

【自宅】

茨城県土浦市

　　　路線価　12万円　400㎡

　　　自用地　12万円×400㎡＝4,800万円

【賃貸マンション】

東京都港区

　　　路線価　150万円　200㎡

　　　自用地　150万円×200㎡＝3億円

　　　貸家建付地　3億円×（1－0.3×0.7）＝2億3,700万円

減額される金額の比較

茨城県土浦市：4,800万円×330㎡／400㎡×80％＝▲3,168万円

東京都港区：2億3,700万円×200㎡／200㎡×50％＝▲1億1,850万円

　上記のように，自宅の方が減額される面積と割合は大きくても，土地の評価額が都心の方が高い場合には，貸付事業用の宅地から小規模宅地等の特例を適用した方が有利になるケースがあります。

　なお，平成30年度税制改正により，貸付事業用宅地等の要件が厳しくなりました。平成30年4月1日以後の相続等より，相続開始前3年以内に新たに貸付事業の用に供された宅地等（相続開始前3年を超えて，事業的規模で貸付事業を行っている者の貸付事業の用に供されたものは除く）が除外されます。

　上記の自宅と賃貸マンションを持っている被相続人を例にとると，仮に，平成30年4月に賃貸マンションを購入して貸付事業を始め，平成31年5月に相続が発生した場合には，賃貸マンションについて，小規模宅地等の特例が適用できなくなります。よって，自宅のみ特例を受けることになり，減額される金額が大幅に少なくなります。

　詳細については，7　近年の改正　3　平成30年度税制改正の概要を参照してください。

5　居住用の宅地を相続

1　概　　要

　被相続人や生計一親族の居住の用に供されていた宅地については，一定の親族が取得することにより，330㎡まで80％減額することができます。

　特定居住用宅地等については，まず，大きく二つの種類にわけることができます。被相続人が住んでいた自宅と，生計一親族の住んでいた自宅の2種類です。

　被相続人の住んでいた自宅は，配偶者，同居親族，3年内家なき子（二次相続の場合のみ）が取得することが必要です。

　また，生計一親族の住んでいた自宅は，配偶者又はその生計一親族が取得することが必要となります。

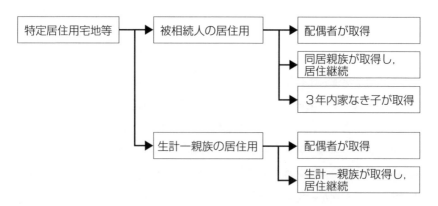

2　被相続人，生計一親族の居住用宅地を配偶者が取得

　生前に被相続人や，生計一親族の居住していた自宅の敷地を配偶者が取得した場合には，小規模宅地等の特例を受けることができます。

同居親族が取得した場合には，申告期限まで，居住継続をする必要がありますが，配偶者は取得するだけで適用対象となります。つまり，取得してから，申告期限前に売却をしても適用を受けることができます。

❸ 被相続人の居住用宅地を同居親族が取得

　生前に被相続人が居住していた自宅の敷地を，同居していた親族が取得し，相続税の申告期限まで，継続して所有，かつ居住していたときは，小規模宅地等の特例の適用を受けることができます。

　この場合の同居とは，住民票がそこにあるかどうかは問題ではなく，居住の実体がそこにあるかどうかがポイントになります。例えば，そこの自宅から会社に通っているか，子供も一緒に暮らして学校に通っているか等，税務署は様々な視点でチェックします。

❹ 被相続人の居住用宅地を「3年内家なき子」が取得

　「3年内家なき子」とは俗称です。この制度は，要約すると，二次相続の場合に，一人暮らしをしていた親の自宅を，アパートに暮らしている子供（持ち家なし）が，取得した場合に，小規模宅地等の特例が適用できる制度です。この制度は，同居親族と違い，居住することは要件となっておらず，申告期限まで保有することが要件となります。

　制度の趣旨としては，今は家を持っていないため，将来的に実家に戻ってく

る，ということを想定しています。そこで，二次相続であり，かつ相続人に持ち家がないことが要件となります。

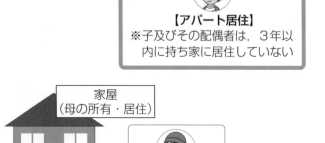

【3年内家なき子の要件】
①　被相続人に配偶者又は同居の法定相続人がいない
②　相続開始前3年以内に自己所有の家屋，及びその配偶者所有の家屋に居住していない
③　申告期限までその宅地等を保有している

　なお，平成30年4月1日以後の相続等より，3年内家なき子の要件に，さらに要件が追加されました。詳細については，⑦　近年の改正　❸　平成30年度税制改正の概要を参照してください。

❺　生計一親族の居住用宅地を，生計一親族が取得

　生計一親族とは，明確な規定はありませんが，一般的には必ずしも同居している必要はなく，生活費等を負担しあったり，介護の面倒を見ていたり，明ら

かに互いに独立した生活を送っていない状況をいいます。明確な規定がないため、生計一親族については、実務上も税務署と見解が相違することもありますので、その適用にあたっては注意が必要です。

例えば、被相続人である父親が、自宅敷地に隣接する土地を持っていて、父親の土地の上に長男が家を建築し、生活全般の世話をしたり、介護の世話をしたりするなど、お互いに支えあいながら暮らしているようなイメージです。その父の所有する長男の自宅の敷地を、その生計一親族である長男が相続し、居住と所有を申告期限まで継続すると、特定居住用宅地等に該当することとなります。

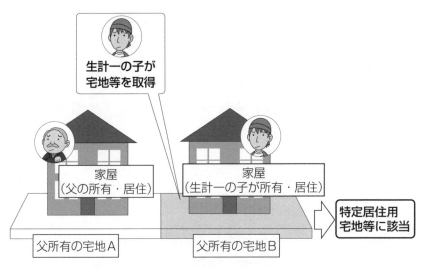

（注）この場合の親族は、被相続人と近隣に住んでおり生活の面倒を見ている等、生計一であることが前提となります。

6 調整計算式の紹介(平成25年改正含む)

1 改正前:平成26年12月31日まで

(A)特定事業用宅地等,(B)特定居住用宅地等,(C)貸付事業用宅地等のうち2種類以上を併用する場合には,以下のような適用対象面積の調整計算が必要でした。

> (A)+(B)×5／3+(C)×2≦400㎡

(計算例)

自宅 180㎡,アパート敷地 200㎡

自宅で優先的に小規模宅地等の特例を適用したときに,アパート敷地で適用できる貸付事業用宅地等の面積

(B)180㎡×5／3+(C)×2＝400㎡

300㎡+(C)×2＝400㎡

(C)＝50㎡

2 改正後:平成27年1月1日以降

(A)特定事業用宅地等と(B)特定居住用宅地等は完全に併用が可能となったため,改正後は(C)貸付事業用宅地等を併用する場合のみ調整計算が必要となりました。

(1) 特定事業用と特定居住用を併用する場合(完全併用)

> (A)≦400㎡,(B)≦330㎡
> (A)+(B)≦730㎡

<u>特定事業用400㎡と特定居住用330㎡の合計730㎡まで適用可能</u>

(2) 特定事業用と特定居住用に貸付事業用を併用する場合（限定併用）

(A)と(B)について以下の調整計算の結果，200㎡未満である場合(C)を併用することができます。

$$(A)\times 200/400+(B)\times 200/330+(C)\leqq 200㎡$$

（計算例）

特定事業用宅地等100㎡と特定居住用宅地等165㎡と貸付事業用宅地等を100㎡有しているとします。ここで，小規模宅地等の特例を最大面積利用するならば，特定事業用宅地等100㎡と特定居住用宅地等165㎡，貸付事業用宅地等50㎡適用できることとなります。

まず，80％評価減が可能な特定事業用宅地等と特定居住用宅地等を優先的に適用するため，特定事業用宅地等100㎡と特定居住用宅地等165㎡適用した結果，貸付事業用について何㎡適用できるかを以下のとおり求めることができます。

(A)100㎡×200／400＋(B)165㎡×200／330＋(C)＝200㎡

50㎡＋100㎡＋(C)＝200㎡

(C)＝50㎡

7 近年の改正

1 情報の重要性

　税制は毎年変わっています。改正は税法のみならず，通達や情報，裁決や判決により常に新しい解釈が生まれています。小規模宅地等の特例を適用しようと考えている方は，これらの情報に敏感でなければなりません。税制改正や，国税庁のホームページ，裁決や判決の事例集など確認する方法は様々です。

　このような中，ここ数年，小規模宅地等の特例は３回大きな改正がありました。平成22年度の改正と，平成25年度の改正，そして平成30年度の改正をご紹介します。

2 平成22年度税制改正の概要

(1) 平成22年度の改正

　平成22年度の税制改正により小規模宅地等の特例が厳格化され，適用要件が厳しくなりました。主な改正点は下記のとおりとなります。

(2) 継続要件の厳格化

　改正前では，相続税の申告期限まで，居住又は事業を継続しなくても（事業廃止や売却等），200㎡まで50％減額することができました。しかし，改正後は，申告期限まで居住又は事業を継続しなければ，減額をすることができなくなりました。

第1章 小規模宅地特例とは

【改正前】

相続人等が事業又は居住を継続しない宅地等でも200㎡まで50％減額可能

宅地等		上限面積	軽減割合
事業用	事業継続	400㎡	▲80%
	非継続	200㎡	▲50%
	不動産貸付	200㎡	▲50%
	非継続	200㎡	▲50%
居住用	居住継続	240㎡	▲80%
	非継続	200㎡	▲50%

【改正後】

相続人等が事業又は居住を継続しない宅地等を評価減の適用対象から除外

宅地等		上限面積	軽減割合
事業用	事業継続	400㎡	▲80%
	非継続	適用なし	
	不動産貸付	200㎡	▲50%
	非継続	適用なし	
居住用	居住継続	240㎡	▲80%
	非継続	適用なし	

＊事業継続・居住継続とは，相続税の申告期限（相続開始後10カ月）まで事業又は居住を継続する場合をいいます。

(3) 共同相続した場合

　改正前では，宅地等を複数人で共同相続したときに，その複数人の中に一人でも要件を満たす相続人がいる場合，他の要件を満たさない親族であっても小規模宅地等の特例の適用を受けることができました。例えば，父の居住していた自宅敷地を，母と同居していない子が50％ずつ相続した場合，同居していない子にも特例の適用がなされていました。

　しかし，改正後は，特例の適用を取得者ごとに判定することとなり，これまでのようにはならなくなりました。

【改正前】

共同相続人のうち一人でも80%減額要件を満たす者がいる場合、満たさない者も80%の減額可能

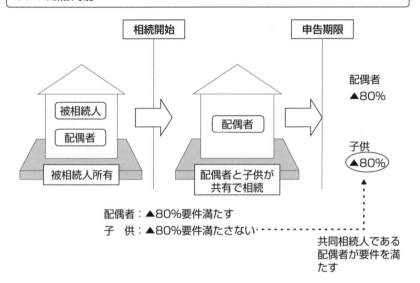

【改正後】

一の宅地等について共同相続があった場合には、取得した者ごとに適用要件を判定

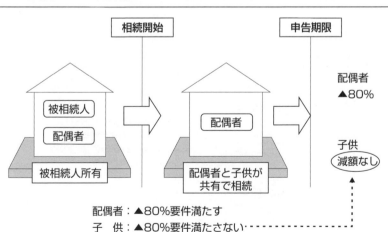

⑷ 一棟の建物における特例

　改正前は，一棟の建物のうちに特定居住用宅地等に該当する部分とそれ以外の部分がある場合でも，敷地全体が特定居住用宅地等として小規模宅地等の特例の対象となりました。しかし，改正後は，一棟の建物のうちに特定居住用部分があったとしても，利用区分に応じて特例の適用を判定することとなりました。

【改正前】

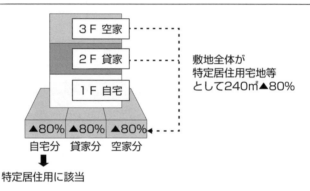

【改正後】

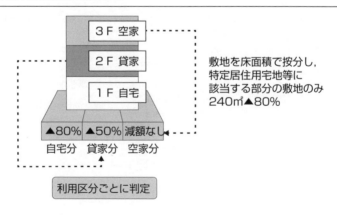

2 平成25年度税制改正の概要

(1) 平成25年度の改正

　平成25年度は，基礎控除の引き下げ等，相続税は増税となっていますが，地価の高い地域の人の税負担を考慮して小規模宅地等の特例については，緩和される内容の改正がされました。

(2) 特定居住用宅地等の限度面積の拡充

　特定居住用宅地等は，改正前の限度面積は240㎡でしたが，改正後は330㎡となりました。この330㎡は100坪を基準としているといわれています。

(3) 特定居住用宅地等と特定事業用宅地等との完全併用

　特定居住用宅地等と特定事業用宅地等は，改正前は，一定の調整計算により適用していましたが，改正後はそれぞれフルに適用でき，完全併用することが可能となりました。

【改正前】

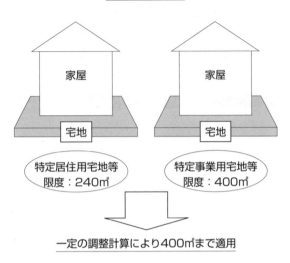

【改正後】

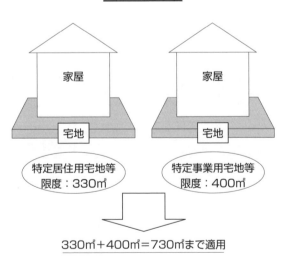

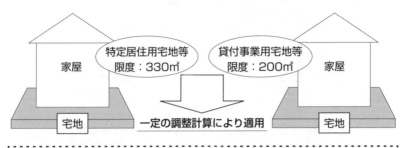

　貸付事業用宅地等については，改正されていませんが，特定居住用宅地等の限度面積が拡大されたことにより，今までは適用できなかったところでも適用できるようになる可能性があります。

(4) 二世帯住宅への適用緩和

　一棟の二世帯住宅で構造上区分されているものについて，1階と2階が行き来できなくても，その敷地全体が小規模宅地の特例の適用対象となりました。ただし，区分所有登記がされている建物は除かれます。

【改正前】

内部に内階段があり，1Fと2Fで行き来ができる二世帯住宅で，長男が自宅敷地を相続により取得

内部に内階段がなく，外階段のみの二世帯住宅で，長男が自宅敷地を相続により取得

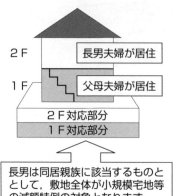

長男は同居親族に該当するものとして，敷地全体が小規模宅地等の減額特例の対象となります。

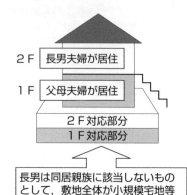

長男は同居親族に該当しないものとして，敷地全体が小規模宅地等の減額特例の対象になりません。

【改正後】

内部に内階段がなく，外階段のみの二世帯住宅で，長男が自宅敷地を相続により取得

長男を同居親族とみなして，1F2F対応部分の全ての敷地について，小規模宅地等の減額特例の適用の対象となります（ただし，区分所有登記されている建物を除く）。

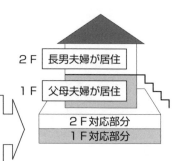

(5) 老人ホーム入居時の要件の緩和

老人ホームに入所したことにより，被相続人の居住の用に供されなくなった家屋の敷地について，被相続人の居住用宅地として小規模宅地の特例を適用するための要件が緩和されました。

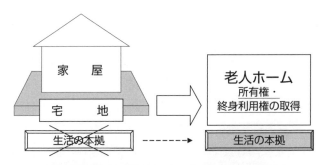

【改正前】	【改正後】
生活の本拠が老人ホームに移るため適用不可	終身利用権を取得していたとしても適用可能

＜老人ホーム入所後も小規模宅地の特例の対象となる場合＞

【改正前】	①身体又は精神上の理由により介護を受ける必要があったため入所したこと ②被相続人がいつでも生活できるように建物の維持管理が行われていたこと ③入所後新たにその建物を他の者の居住等の用に供していた事実がないこと ④被相続人や親族が**老人ホームの所有権や終身利用権を取得していないこと**
【改正後】	①被相続人に介護が必要なため入所したものであること ②入所後新たにその建物を他の者の居住の用に供していた事実がないこと ③その家屋が貸付け等の用途に供されていないこと

3 平成30年度税制改正の概要

(1) 平成30年度の改正

平成30年度の税制改正では，小規模宅地等の特例がその制度趣旨に沿わない使われ方がされているという指摘を踏まえ，特定居住用宅地等，貸付事業用宅

地等の適用要件について，見直しが行われることとなりました。

(2) 介護医療院に入居した場合の要件拡充

　老人ホームに入所したことにより，被相続人の居住の用に供されなくなった家屋の敷地について一定の要件を満たす場合には，特定居住用宅地等に該当するものとして小規模宅地等の特例を適用することが出来ますが，この老人ホームの範囲に，介護医療院が加わることとなりました。

　介護医療院とは，介護保険法の改正により平成30年4月以降開設されることとなった，長期にわたり療養が必要である者を対象とし，長期的な「医療提供施設」と「生活施設」としての機能を兼ね備えた施設をいいます。

(3) 貸付事業用宅地等の要件厳格化

　以前より，相続開始の直前に，現金やローンを組むことにより都内のタワーマンション等を購入し貸付事業用宅地等とすることで相続税の負担を軽減する事案が問題視されていました。

　そのため，平成30年4月1日以後の相続等より，相続開始前3年以内に貸付けを開始した賃貸不動産については，減額をすることが出来なくなりました。ただし相続開始前3年を超えて事業的規模で貸付けを行っている場合に，3年以内に追加で貸付物件を増やしたときは，これまで通り貸付事業用宅地等として減額することが出来ます。

　なお，平成30年3月31日までに貸付事業の用に供された宅地等については，改正は適用されないため，従前どおりの扱いとなります。

　改正後は，小規模宅地等の特例にあたり，過去の確定申告書などを参考に，いつから貸付けを開始したか，事業的規模で貸付けを行っていたか，を確認することが必要となるでしょう。

(4) 3年内家なき子の要件厳格化

　改正前においては，仮にその別居親族が自宅（持ち家）を持っていたとしても，その持ち家を例えば別居親族の子に相続開始の3年以上前に売却し，その子から賃貸をしてもらうことにより実質的には従前と変わらず自宅暮らしをしながら持ち家なしとみなされ，特定居住用宅地等の適用ができてしまうケース

がありました。こういったケースを防ぐ観点から，3年内家なき子の範囲が厳格化されることとなりました。

なおこの改正により，子が所有する自宅に同居している孫へ祖母が自宅を遺贈するケースでも，3年内家なき子が適用できなくなります。

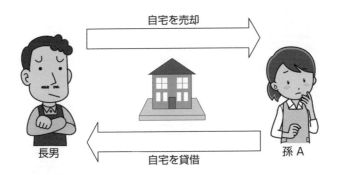

＜3年内家なき子の要件＞

【改正前】	①被相続人に配偶者および同居法定相続人がいないこと ②相続開始前3年以内に日本国内にあるその人又はその人の配偶者の所有する家屋に居住したことがないこと ③当該宅地を申告期限まで保有していること
【改正後】	上記3要件を満たしていたとしても、以下の者は除外されます。 ④相続開始前3年以内に、その者の3親等内の親族またはその者と特別な関係のある法人が有する国内に所在する家屋に居住したことがある者 ⑤相続開始時において居住の用に供していた家屋を過去に所有していたことがある者

上記の改正は，平成30年4月1日以後の相続等より，適用されます。ただし，改正にあたり経過措置があります。平成32年3月31日までに相続等により取得し，かつ，平成30年3月31日において改正前の要件を満たしていた場合には，3年内家なき子の要件を満たしているものとして取り扱います。

第2章
Q&Aで理解する適用のポイント

特定居住用宅地等（自宅の土地）

事例 1　夫所有の自宅を妻が相続

配偶者取得

　私は，武蔵小杉にある夫の持ち家で夫と子どもの三人で一緒に暮らしておりました。

　この度，長年連れ添った夫に相続が起き，夫が所有していた自宅について子供と相談した結果，私（配偶者）が相続することになりました。

　私が自宅を相続した場合には，小規模宅地等の特例により相続税が安くなると聞いたのですが，この特例を受けるにあたって何か条件はあるのでしょうか。

解説

　配偶者が特定居住用宅地等を相続・遺贈により取得した場合には，無条件で小規模宅地等の特例を受けることができます。

　これは例えば相続を機に配偶者が他の相続人の家で一緒に住む場合や自宅を売却して老人ホームに入所するなど，配偶者のその後の生活環境に配慮するために要件が緩和されています。

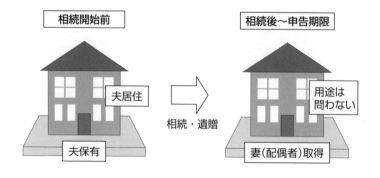

❶ 二次相続を見据えて（相続税の基礎控除以下の場合）

　財産の総額が相続税の基礎控除以下の場合には，相続税の申告も納税も必要ありません。そのため誰がどの財産を取得するかということに工夫が必要です。

　相続した財産は，その財産を取得した方の相続によって再度相続税がかかってきます。相続の周期という観点からみると，配偶者に相続させるよりも若い子供に相続させた方がトータルでかかってくる相続税が小さくなることになりますので，一次相続だけでなく二次相続を見据えた遺産分割が必要となります。

❷ 特例の最大限の活用

　自宅以外に特例の対象となる宅地等がある場合（配偶者以外が相続することが前提）には，そちらの宅地等から優先して特例を使った方が有利な場合があります。

　それは配偶者の税額軽減の特例を受けている場合です。

　例えば，小規模宅地等の特例を受けなくても配偶者の税額軽減により納税額が生じない場合には，配偶者が相続・遺贈により取得する宅地等につきいくら小規模宅地等の特例を使ったとしても，小規模宅地等の特例の恩恵を受けられない可能性がありますので，注意が必要となります。

特定居住用宅地等（自宅の土地）

事例 2　父の自宅を同居の娘が相続

[同居親族]

　私は，練馬区にある父の持ち家で父と二人で暮らしている長女です。

　十数年前に母が他界したことをきっかけに父が認知症となってしまいました。そのため父一人では生活に不安があるので，それを機に父との同居をスタートしました。

　同居から10年後，父に相続が発生し，自宅の宅地及び家屋について相続することになりました。

　私は10年という長い間父の家に住んでいたため，自宅に愛着があり今後も住み続けることを予定しています。

　この場合，同居親族が取得した場合の小規模宅地等の特例が使えると知人から聞いたのですが，取扱いを教えてください。

解　説

　同居親族が特定居住用宅地等を相続・遺贈により取得した場合には，下記の要件を満たすことを条件に小規模宅地等の特例を受けることができます。

▶要件①（居住継続）：相続開始の時から相続税の申告期限まで引き続きその家屋に居住していること
▶要件②（保有継続）：相続開始の時から相続税の申告期限まで引き続きその宅地等を有していること

　小規模宅地等の特例は，自宅を取得した方の生活基盤を守るための特例ですので，相続税の申告期限においてその方の生活基盤の維持のために必要不可欠なものであるかどうかを判断しなければいけません。そのためこのような要件

がついています。

　ただし，こちらの要件はあくまで申告期限までの期間的な要件となっているため，例えば申告期限後に自宅を貸し付けることや，自宅敷地の売却をすることについて制限をしているものではありません。

　上記の特例を受けられるこの同居親族とは一体，どのような方のことでしょうか。

　以下，❶同居と❷親族とをわけて考えたいと思います。

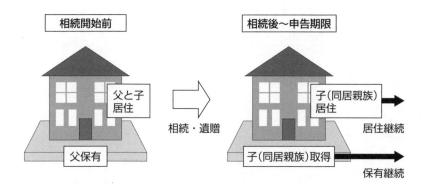

❶　同居とはなにか

　同居とは被相続人と同じ家で寝起き等をしている状態をいいます。ルームシェアや居候などといったほうがイメージしやすいかもしれません。つまり同居とは，お互いの生活を共有している状態のことをいいます。

　また条文や通達では，同居について下記のように表現していますので参考にしてください。

（租税特別措置法69条の4第3項2号イ）

> 　当該親族が相続開始の直前において当該宅地等の上に存する当該被相続人の居住の用に供されていた一棟の建物に居住していた者であって……
> 　　（略）

（租税特別措置法通達（相続税法の特例関係）69の4－21）

……（略）当該被相続人に係る相続の開始の直前において当該家屋で被相続人と共に起居していたもの……（略）

2　親族とはなにか

　親族とは，①6親等内の血族，②配偶者，③3親等内の姻族というように民法で親族の範囲が規定されています（下記の親族関係図を参照）。

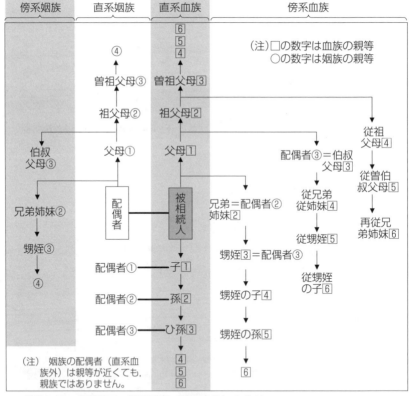

※血族には，普通養子・特別養子（法定血族）を含む
※配偶者とは，正式に婚姻している者同士
※姻族とは，配偶者の血族と血族の配偶者

特定居住用宅地等（自宅の土地）

事例 3　叔父の持ち家に住んでいた娘が相続

[3年内家なき子]

　父の他界後，母は父から相続した自宅に一人で暮らしています。

　私の兄は持ち家がありますが，私（娘）は現在賃貸マンションで暮らしています。この度，叔父が海外に居住することになり，空家となった叔父の自宅（叔父所有）に，私とその家族が住むことを考えています。

　将来母に相続が発生した場合に，私が叔父の持ち家に住んでいたと仮定して，私が母の自宅建物とその土地を相続すれば，小規模宅地等の特例を適用できるでしょうか。

　また，叔父の持ち家に移ったあとに，夫の転勤に伴い，私たち家族は引っ越すことも考えられます。その場合も，小規模宅地等の特例には特段影響がないでしょうか。

　平成30年度税制改正により，相続開始前3年以内に叔父の持ち家に居住している場合は「3年内家なき子」に該当しないこととなりました。よって本件では，小規模宅地等の特例の適用を受けることはできません。

　また，夫の転勤により引越しをしてから，3年を経過した後に母の相続が発生すれば，「3年内家なき子」として，小規模宅地等の特例の適用を受けられます。

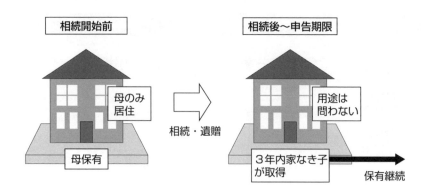

◪ 「3年内家なき子」とは

「3年内家なき子」とは、その名のとおり相続開始前3年以内に持ち家に居住したことのない賃貸暮らしをしている被相続人の親族をいいます。

この場合の持ち家には、従来、被相続人の親族本人と、その者の配偶者が所有している家屋が含まれます（海外の持ち家は含まれません）。

平成30年度税制改正により、この持ち家の所有者の範囲が拡大され、その者の3親等内の親族及びその者と特別な関係にある法人の持ち家に居住していた場合にも「3年内家なき子」に該当しないこととなりました。

◪ 「3年内家なき子」は子供限定ではない

「3年内家なき子」というのは、あくまで俗称であり、子供に限定されているものではありません。

つまり、対象者は被相続人の親族であり、この場合の親族には6親等内の血族及び3親等内の姻族が含まれるため、相続人である親や孫等であっても「3年内家なき子」の対象となります。

特定居住用宅地等(自宅の土地)

事例 4 　持ち家を同族会社に売却した息子が相続

[3年内家なき子]

父は十数年前に他界して、母は父から相続した自宅に一人で暮らしています。

私(息子)は、以前は持ち家に住んでいました。5年以上前に、その持ち家は、私が100％株式を所有して、代表取締役をつとめる法人に売却し、現在は社宅として法人から借りて、私とその家族が住んでいます。

将来母に相続が発生した場合に、私が母の自宅建物とその土地を相続すれば、小規模宅地等の特例を適用できるでしょうか。

解説

相続人がこのまま当該社宅に住み続ける場合には、母に相続が発生した場合に小規模宅地等の特例を適用することはできません。

相続人が当該社宅から他の賃貸住宅へ引越し、3年以上経過した後、母に相続が発生した場合には、小規模宅地等の特例を適用することが可能となります。

1 「3年内家なき子」の新たな除外要件

平成30年度税制改正により、「3年内家なき子」に新たに除外要件が加わりました。

そのため、従来であれば本事例の相続人は持ち家を手放し、3年以上が経過しているわけですから「3年内家なき子」として小規模宅地等の特例の適用対象となりました。

しかし、平成30年4月1日以降の相続等については従来の要件に加え、下記

の二つの要件に該当する場合には,「3年内家なき子」から除外することとなりました。
　(1)　相続開始前3年以内に,その者の3親等内の親族またはその者と特別な関係のある法人が有する国内に所在する家屋に居住したことがある者
　(2)　相続開始時において居住の用に供していた家屋を過去に所有していたことがある者

2　改正の経緯

「3年内家なき子」はそもそも持ち家のない子が,親が亡くなった後に実家に戻り居住することを想定し,税務上の優遇を図ろうとする趣旨で設けられています。

ところがこの趣旨に反し,「3年内家なき子」になって小規模宅地等の特例を受けるためだけに,元々持ち家を持っている者が,その所有権を親族や自分の会社へ移し持ち家のない状態を作る一方で,実態としては従前と変わらず,自宅としてその家に住み続ける,といったケースが散見されたため,今回の改正となりました。

3　「3年内家なき子」に該当するか

本事例では,母の死亡時に息子が当該社宅にそのまま住んでいた場合には,**1**(2)に該当するため,「3年内家なき子」から除外され,小規模宅地等の特例の適用対象となりません。

息子が当該社宅を出て,他の賃貸住宅へ引っ越した後,3年以上が経過してから母が亡くなった場合には,**1**(2)はもちろん,**1**(1)の要件にも該当しないこととなるため,「3年内家なき子」として小規模宅地等の特例の適用を受けられることとなります。

特定居住用宅地等（自宅の土地）

事例 5　無償で住んでいた父所有の土地・建物の相続

生計一親族

父が所有するA土地と建物を私（息子）が無償で借りて住んでいました。

父には別に自宅があり母と同居しています。万が一相続が発生した場合，私は住んでいるA土地と建物を相続する予定です。この場合でも特例を受けることができるのでしょうか。

解説

父と息子が生計一親族であれば，要件を満たすことで特定居住用宅地等として80％減額の適用を受けることができます。

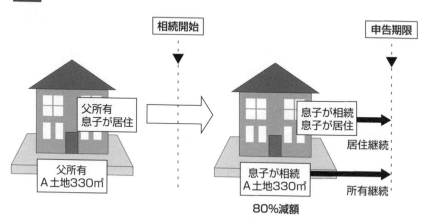

❶ 生計一親族が取得する場合とは

　小規模宅地等の特例の対象となる宅地等は被相続人が住んでいた宅地等のみならず，被相続人の生計一親族が住んでいた宅地等も対象となります。ではどのような親族が生計一親族と認められるのでしょうか。

　実は相続税法上は生計一親族の意義は明確ではありません。そこで実務上は所得税基本通達2－47（生計を一にするの意義）を参考に判断しています。例えば，毎月親から生活費の仕送りを受けている子などが生計一親族に該当します。

❷ 要　　件

① **居住の継続要件**

　　被相続人の生計一親族が宅地等を相続し，申告期限まで引き続き居住していること

② **所有の継続要件**

　　被相続人の生計一親族が宅地等を相続し，申告期限までその宅地等を所有し続けていること

❸ 限度面積と減額金額

　特定居住用宅地等に該当する場合には，その宅地等の評価額を330㎡まで80％減額することができます。

特定居住用宅地等（自宅の土地）

事例 6 仮換地指定を受けた場合

仮換地

　父の自宅のある地区が，土地区画整理事業等の施行による仮換地指定を受けたことにより，使用収益が禁止されたため，父の居住していた土地（以下「従前地」という）と仮換地のどちらにも居住することができず，他の場所に仮住まいをしていました。

　そして，父は仮住まいのまま死亡し，相続が発生しました。

　このような場合において，特定居住用宅地等としての小規模宅地等の特例の適用について教えてください。

　このような場合でも，相続開始時から相続税の申告期限までの間に，被相続人である父が仮換地を居住の用に供する予定がなかったと認めるに足りる特段の事情がない場合には，小規模宅地等の特例の適用上，従前地は，相続開始の直前において被相続人である父の居住の用に供されていたものとして，特例を適用することができます。

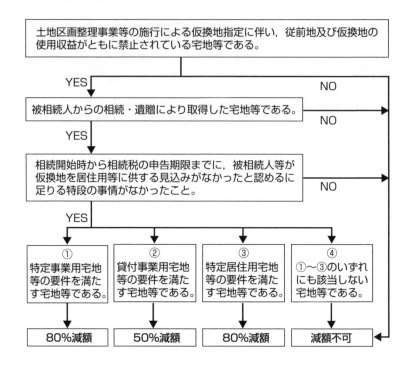

特定居住用宅地等（自宅の土地）

事例 7 隣地に相続人所有の家屋があった場合

[同居親族] [3年内家なき子]

父（被相続人）は，自己が所有する土地の上にある家屋（母屋）に居住していました。私（相続人）は，相続開始の20年以上前に母屋の隣地を購入して自宅（別棟）を建てました。

建築当初は子供が小さかったこともあり，私は子供とともに別棟を生活の本拠としていましたが，子供が成人したことを契機として相続開始の数年前から衣服・生活用品等を母屋に移し，母屋にて起居し，父と一緒に食事をしていました。別棟には，成人した子供が継続して居住していたため，食事の準備のためなどで出入りもしていました。

このような生活状況から判断した場合，相続開始時点において，私は父の同居親族であるとして，母屋について特定居住用宅地等の特例の適用を受けることができるでしょうか。

相続開始の時点において，相続人は母屋への入居目的，日常生活の状況等から判断して生活の拠点を移していると思われます。よって，母屋において被相続人と同居していた親族に該当するものと考えられますので，特定居住用宅地等の適用を受けることが可能と考えられます。

1 特定居住用宅地等の取得者要件

相続開始の直前において被相続人等の居住の用に供されていた宅地等を，次の要件に該当する被相続人の親族が取得した場合には，小規模宅地等の特例の適用が受けられます。

(1) 配偶者

　　配偶者の場合には，無条件で特例の適用が受けられます。
(2) 同居親族

　　同居親族の場合には，①居住継続要件と②保有継続要件が求められます。
(3) 別居親族

　　別居親族の場合には，①上記(1)及び(2)の不在要件と②3年内家なき子要件，③保有継続要件が求められます。なお，平成30年4月1日以後の相続等については，②の要件が厳しくなります。

❷　同居親族に該当するか

　本事例の場合，相続人の生活の拠点が別棟と判断された場合には，相続人は別居親族として上記❶(3)②の「3年内家なき子要件」を満たさないこととなります。しかし，相続人の生活の拠点が母屋と判断された場合には，相続人は上記❶(2)の同居親族として申告期限まで居住・保有を継続することによって小規模宅地等の特例が受けられることとなります。

　同居していたかどうかについては，その建物への入居目的，日常生活の状況，その建物の構造及び設備の状況，生活の拠点となるべき他の建物の有無などを総合的に考慮して判断することになりますが，本事例の場合，相続人は子供の成人を契機として母屋に生活の拠点を移していること等の状況から，母屋において被相続人と同居していた親族に該当するものと考えられます。

特定居住用宅地等（自宅の土地）

事例 8　相続対策として自宅を二世帯住宅に建て替えた場合

[同居親族] [二世帯住宅]

私は妻と二人で暮らしております。今の自宅では，二人で暮らすには広く，自宅の建替えを考えています。私も妻も体が不自由になってきたため，どうせなら二世帯住宅に建替えをして，長男夫婦に2階で暮らしてもらおうかと考えております。私に相続が発生したあとは，長男にこの自宅を相続してもらいたいと考えております。相続税の観点で何か注意することはあるでしょうか。

解説　1階と2階が行き来できない二世帯住宅の場合，区分所有登記しない方が小規模宅地等の特例を有効に活用することができます。

1　内部で行き来ができる場合

　特定居住用宅地等に該当するためには，相続開始の直前において被相続人の居住の用に供されていた宅地等で，その被相続人と同居していた親族が相続又は遺贈により取得したもので，相続開始時から申告期限まで引き続き宅地等を保有し，かつ居住していることが要件の一つになっています（措法69の4③二イ）。

　ここでいう同居親族は，被相続人が居住の用に供していた家屋に被相続人とともに暮らしていた親族を指します。二世帯住宅の場合，内部で行き来ができるかどうかにより取扱いに違いがあります。内部で行き来ができる場合には，一棟の建物として，その敷地全体が特定居住用宅地等に該当し，2階に住む長男が取得したときは敷地全体が80％減額の対象となります。

2 内部で行き来ができない場合

　以前は一棟の二世帯住宅でも，1階は父母が居住し，2階には長男夫婦が居住しているものの，内階段や内扉がない構造だった場合には，父母と長男は同居していたとは判断されませんでした。よって，長男が実家の敷地を相続したとしても，小規模宅地等の特例の適用を受けることができませんでした。

　これは，同居は同じ家屋で寝起きをともにしていることをいうため，完全に分離された1階と2階，又は左と右の部屋に被相続人と相続人が別々に暮らしているような場合は同居にあてはまらないとされたからです。

　しかしこの規定は，平成26年1月1日以後の相続又は遺贈により取得する財産に係る相続税から改正され，内部で行き来ができない一棟の二世帯住宅に居住していても同居とみなされることになりました。

　なお，注意点としては，通達の改正により区分所有建物は除くこととされたことです。つまり，この事例においては，区分所有登記をしなかったときは内部で行き来ができなかったとしても，小規模宅地等の特例の適用を受けることができるということになります。

特定居住用宅地等（自宅の土地）

事例 9 敷地内に家屋が二つ以上ある場合

生計一親族　複数適用

　夫と私は，相続開始の40年以上前に，夫が購入した土地の上に家屋（旧家屋）を建てて居住していました。ところが，相続開始の2年ほど前から，老朽化による旧家屋の建替えを希望する私と，住み慣れた旧家屋に住み続けたい夫との間で意見が割れたため，庭として利用していた敷地内に新家屋を2,000万円で建築することになりました。

　この新家屋建築に際し，私は夫から婚姻期間20年以上の夫婦における「居住用不動産取得資金の贈与の特例」の適用を受け，新家屋は私名義としました。

　新家屋建築後，私は生活の拠点を新家屋に移しましたが，新家屋の階段や間口などの構造上，介護を必要としていた夫は新家屋に移らず旧家屋を生活の拠点としていました。なお，夫と私は，夫の年金をもとに生計を一にしていました。

　このように，相続開始の直前に夫が住んでいた宅地と，生計を同じくする私が住んでいた宅地がある場合に，いずれの宅地についても私が相続した場合には，いずれの宅地についても特定居住用宅地等の特例の適用が受けられるでしょうか。

旧家屋と新家屋のいずれについても特例の適用が受けられるものと考えられます。

1　主として居住の用に供していた一つの宅地等

　例えば，被相続人がマイホームを二以上所有して行き来をしていた場合，二以上のマイホームについていずれも特例の適用が受けられるのではないかという疑問が生じますが，被相続人がマイホームを二以上所有している場合には，被相続人が「主として」居住の用に供していた一つの宅地等に限定されます。

2　特定居住用宅地等が二以上ある場合の複数適用可否

　上記1のとおり，被相続人の居住用宅地等が二以上ある場合には「主として」居住の用に供していた一の宅地等に限定されますが，被相続人が「主として」居住の用に供していた宅地等と，被相続人と生計を一にしていた被相続人の親族が「主として」居住の用に供していた宅地等とがある場合には，他の要件を満たしていればそのいずれの宅地等についても特定居住用宅地等の特例の適用を受けることができます。

　したがって，本事例の場合，被相続人が居住していた旧家屋の敷地と，配偶者が居住していた新家屋の敷地のいずれについても，配偶者が相続により取得しているため小規模宅地等の特例の適用が受けられるものと考えられます。

特定居住用宅地等（自宅の土地）

事例10 生計を一にしていた被相続人の宅地が複数ある場合

生計一親族　複数適用

　私と弟はともに，大学生で収入がありません。父が毎月生活費を仕送りしてくれており，それぞれが居住する自宅も父が所有するものに無償で住んでいました。

　この度父が亡くなり相続が発生しました。母は既に他界しており，相続人は私たち兄弟二人だけとなります。

　小規模宅地特例を受けるにあたっては，父の自宅よりも私と弟がそれぞれ住んでいる自宅の方が単価が高いので，私の自宅土地全体で180㎡，弟の自宅土地一部で150㎡を特定居住用宅地等として申告したいと思います。

　これで問題はないでしょうか。

解説

　相続人である兄と弟は被相続人である父から生活費の仕送りを受けていたので父と生計を一にしていたと考えられます。また，今回の場合には，それぞれが別々の自宅に居住していたので，小規模宅地等の特例の適用を受けることが可能と考えられます。

❶　被相続人の居住の用に供されていた宅地等が複数ある場合

　被相続人や生計一親族の居住の用に供されていた宅地等は，特定居住用宅地等として小規模宅地の特例の適用を受けることができます。ただし，被相続人の居住の用に供されていた宅地等が複数あるときは，「主として」居住の用に供していた一つの宅地等に限ります。

2　主として居住の用に供していた宅地等の具体例

　具体的には，下記の区分に応じ，それぞれの宅地等とされました。
(1)　被相続人の居住の用に供されていた宅地等が二以上ある場合
　　　……被相続人が主として居住していた一の宅地等
(2)　生計一親族の居住の用に供されていた宅地等が二以上ある場合（(3)を除く）
　　　……その生計一親族が主として居住していた一の宅地等（生計一親族が2人以上いる場合には，その親族ごとにそれぞれ主として居住の用に供していた一の宅地等）
(3)　被相続人及び生計一親族の居住の用に供されていた宅地等が二以上ある場合
　　次の区分に応じそれぞれに決められた宅地等
　　イ　被相続人と生計一親族の主として居住していた宅地等が同一である場合
　　　　……その一の宅地等
　　ロ　イ以外の場合
　　　　……被相続人が主として居住の用に供していた一の宅地等及び生計一親族が主として居住の用に供していた一の宅地等

　今回の事例では，生計一親族である兄と弟それぞれが，宅地等を取得したため，それぞれで一つまでは小規模宅地等の特例を受けることができます。

特定居住用宅地等（自宅の土地）

事例 11　二世帯住宅への適用

[二世帯住宅]

父は，自己所有のいわゆる二世帯住宅（一の家屋で構造上各独立部分に区分されているもの）の１階に居住しており，自宅とその敷地全部を所有していました。

この度父が亡くなり，２階に居住する相続人である私が敷地全体を相続することになりましたが，特例を受けることができるのでしょうか。

平成25年12月31日までは，内階段の有無に応じて図のとおり取り扱われていましたが，平成26年１月１日以後は内階段がなく外階段のみの場合でも特例適用の対象となります（区分所有建物を除く）。

【改正前】

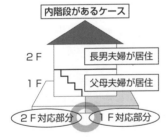

【改正後】

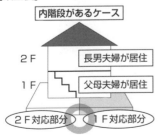
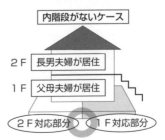

1 内階段があるケース

内階段があり，1階と2階で行き来ができる二世帯住宅の場合は，長男は同居親族に該当するものとして，敷地全体が小規模宅地等の対象となります。

2 内階段がないケース

【平成25年12月31日以前】

内階段がなく，外階段のみの二世帯住宅の場合は，長男は同居親族に該当しないものとして，原則として敷地全体が小規模宅地等の減額特例の対象にはなりませんでした。

二次相続の場合など，一人暮らしの被相続人から長男夫婦が取得した敷地については，以下の要件を満たした場合に限り，敷地全体について小規模宅地等の特例適用を認めることとしていました（改正前措通69の4-21なお書き）。

① 二世帯住宅の全部を被相続人又は被相続人の親族が所有していたこと
② 被相続人の配偶者及び被相続人が居住の用に供していた独立部分に共に起居していた法定相続人がいないこと
③ 他の独立部分に居住していた者を被相続人の同居親族とする申告があること

【平成26年1月1日以後】

内階段がない二世帯住宅のケースで，特定居住用宅地等に関する適用の見直しが行われ，外階段のみの場合でも長男と同居しているものとして，敷地全体につき小規模宅地等の減額特例の対象となります（区分所有建物を除く）。

特定居住用宅地等（自宅の土地）

事例 12　親子で共有している二世帯住宅

[二世帯住宅] [共有] [生計一親族]

　被相続人である父は，私たち長男夫婦と同居しておりましたが，父は介護の必要から自宅を離れ介護施設に入居することになりました。その後，自宅は老朽化が進んだため，父，私と私の息子（被相続人の孫）の共有名義で自宅を建て替え，1階に私たち長男夫婦，2階に私の息子夫婦が居住しておりました。その後，父に相続が発生し，自宅の敷地と建物の持分を私が相続しました。私は生計一親族であり，二世帯住宅は中で内階段によりつながっており自由に行き来できる状況です。この場合，自宅敷地を取得した私の小規模宅地等の特例の適用はどのようになるのでしょうか。

解説

　本事例のように，建物の内部で行き来が自由にできる場合は，1階2階の全体が長男又は孫の居住している建物となり，長男が生計一親族である場合，生計一親族の居住用宅地等として小規模宅地等の特例の適用を受けることができます。

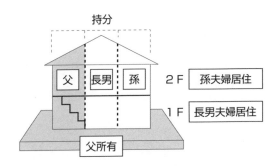

1　建物の名義

　建物の名義が，被相続人や，生計一親族，生計別親族であったとしても，地代や家賃を支払っておらず，使用貸借の場合には，貸付事業用に該当しないため，他の要件を満たすことにより，特定居住用宅地等として小規模宅地等の特例の対象となります。

2　地代の授受

　上記の場合において，長男及び孫が地主である被相続人に地代や家賃を支払っていた場合には，不動産賃貸業となり，特定居住用宅地等に該当しないこととなりますので，使用貸借であることが前提となります。

特定居住用宅地等（自宅の土地）

事例 13 区分所有建物の場合の二世帯住宅
（内階段で行き来ができる場合）

二世帯住宅　生計一親族

　私の父は今年の1月に亡くなりました。3年前に自宅の建て替えをしており，資金の関係から1階は父，2階は長男である私の所有とし，区分所有登記を行っています。

　この建物の中には内階段があり，1階と2階が自由に行き来できます。また，この建物の敷地は父の所有で300㎡あります。

　相続税に詳しい友人から，区分所有の建物の敷地については，その敷地を特定居住用の小規模宅地等として全体から80％控除できないという改正が行われたと聞きました。

　私の場合も300㎡から80％を控除することはできないのでしょうか。

　平成26年1月からは，内階段がなくて外階段のある完全分離型の二世帯住宅であっても同居とみなして，その敷地全体から80％減額できる改正が行われました。ただしその建物が区分所有の場合には対象外という条件がついています。

　したがいまして，原則的には敷地全体から80％控除することは難しいと考えられますが，後で説明しますように，その家屋に住んでいる家族全員が一緒に生活している状況であれば同居と考えることもできるのではないかという議論もあります。

① 平成26年改正の概要

完全分離型の二世帯住宅について，平成26年1月の相続からは，建物の中の

内階段がなく外階段であっても，その建物のどの部分であっても（1階でも2階でも），その建物の屋根の下に住んでいれば同居と見てくれるように改正されました。つまり，敷地全体330㎡まで80％減額できることになったわけです（図1）。

これは今までとは同居の概念が変わったからです。改正前は「家屋の中」にいることが同居という概念でしたが，改正後は同じ屋根の下，つまり「建物の中」というかなり広い概念に変わったからなのです。

【図1】改正後は同じ建物の中であればOK

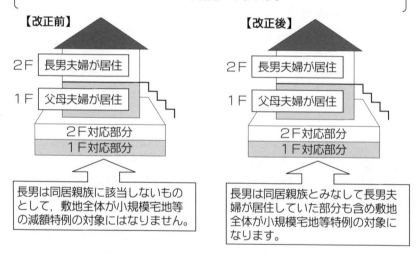

2　区分所有建物は対象外

完全分離型建物で，しかも外階段であっても1階と2階が行き来できれば同居とみてくれることになったのですが，ただ一つだけ条件が入りました。

それは，その完全分離型の建物が区分所有登記されている場合には，対象外となっていることです。

区分所有建物とは，例えば2階建ての建物を建てた場合に，資金負担等の関係で，1階部分は父がお金を出したので父の所有とし，2階部分は子供がお金を出したので子供の所有と登記されている建物をいいます。

　この建物を横に倒した場合をイメージしてください。つまりその敷地に二つの建物（父親の建物と子供の建物）が存在することになります（図2）。

　こうなりますと，その敷地は別々の建物の利用になっているので敷地全体を減額できなくなってしまうのです。

【図2】同じ建物でも区分所有登記の建物は制限あり
【完全分離型で区分所有登記がされている建物】

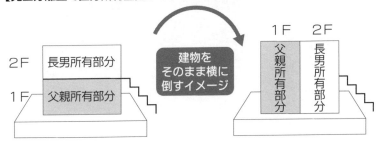

3　内階段のある二世帯住宅は？

　内階段があれば1階と2階を自由に行き来できます。

　この改正は確か，「内階段があればいいですよ！」「外階段ではだめですよ！」ということを解消するために外階段でもよくなったハズでした。

　そうであれば，従来認められていた内階段の建物がこの改正で本当にダメになってしまったのでしょうか？

　条文等をそのまま読んで行きますと，結果的には難しいということになりそうです。

　しかし，例えば1階と2階の区分所有登記がされている建物であっても，1階と2階が自由に行き来できて，1階部分には親の寝室があり，2階部分には子供の寝室があるような建物はどうなるのでしょうか。しかも，1階にお風呂

と台所があり親子が一緒に生活をしているような状態であれば同居と考えることもできるのではないでしょうか。

　かなり限定的ですが，このような考え方をする専門家もいるようです。

　このような場合にはその建物全体で生活をしているといえるからかも知れません。

　ご質問のケースについては，もう少し事実関係をお聞きしなければ判断できませんが，いろいろと議論がありそうです。

(参考文献)　税務研究会・資産税研究会　特別セミナー　鬼塚太美・飯塚美幸稿2016年6月23日「厳選!!資産税事例研究（小規模宅地特例編）」～税理士が悩んだ事例を元国税局担当官と専門家が検討!!～セミナー資料

特定居住用宅地等（自宅の土地）

事例 14 二世帯住宅の敷地を相続した場合①
（配偶者がいる場合）

[二世帯住宅] [共有]

　被相続人である父は，自己の所有する土地（300㎡）の上に二世帯住宅を建て，1階部分には父母が居住し，2階部分には長男である私が居住していました。二世帯住宅は完全独立型ですが，区分所有登記はされていませんでした。

　二世帯住宅以外には相続財産がほとんどなかったこともあり，相続人全員で遺産分割協議をした結果，この土地と建物は母，私（長男），長女が各3分の1の共有割合で相続することになりました。長女は嫁いでおり，この二世帯住宅には居住していません。

　小規模宅地等の適用を受ける場合において，どの程度適用が受けられるのでしょうか。

解説　母が相続した持分の割合に応じる部分（100㎡），及び長男の相続した持分の割合に応じる部分（100㎡）については，特定居住用宅地等として80％の減額対象となりますが，長女が相続した持分の割合に応じる部分（100㎡）については適用の対象となりません。

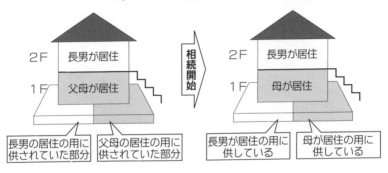

１　被相続人要件の判定

　区分所有登記がされていない二世帯住宅については、父（被相続人）の居住の用に供されていた部分だけでなく、長男の居住の用に供されていた部分についても「被相続人等の居住の用に供されていた宅地等」に含まれることとなります。したがって、この二世帯住宅の敷地全体について、被相続人要件を満たすことになります。

　なお、この場合の判断において、長男が父と生計を一つにしていた場合でも、生計を別にしていた場合でも、結果は同じです。

２　相続人要件の判定

　被相続人の居住の用に供されていた宅地等を「配偶者」が取得した場合には、特定居住用宅地等に該当しますので、母が取得した部分について80％の減額対象となります。

　また、区分所有登記がされていない二世帯住宅については、2階に居住していた長男についても「同居親族」となり、申告期限まで所有・居住継続要件を満たす場合には特定居住用宅地等に該当しますので、長男が取得した部分について80％の減額対象となります。

　一方、この二世帯住宅に居住していなかった長女については「別居親族」となりますが、別居親族の場合の要件である「被相続人に配偶者がいないこと」の要件を満たさないため、長女が取得した部分については特定居住用宅地等に該当しません。

特定居住用宅地等（自宅の土地）

事例 15　二世帯住宅の敷地を相続した場合②（配偶者がいない場合）

被相続人である父は，自己の所有する土地（300㎡）の上に二世帯住宅を建て，1階部分には父が居住し，2階部分には長男である私が居住していました。二世帯住宅は完全独立型ですが，区分所有登記はされていませんでした。なお，母は10年以上前に他界しています。

相続人である私（長男）と長女で遺産分割協議をした結果，この土地と建物は私と長女が各2分の1の共有割合で相続することになりました。長女は夫の仕事の都合上，夫の社宅（借家）に3年以上居住していますが，夫が退職したらこの二世帯住宅の1階部分に居住する意向があるようです。なお，長女夫妻は，これまで持ち家を所有したことはありません。

小規模宅地等の適用を受ける場合において，どの程度適用が受けられるのでしょうか。

解説　長男が相続した持分の割合に応じる部分（150㎡）だけでなく，長女の相続した持分の割合に応じる部分（150㎡）についても，特定居住用宅地等として80％の減額対象となります。

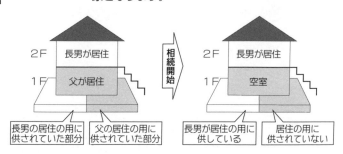

1 被相続人要件の判定

　区分所有登記がされていない二世帯住宅については，父（被相続人）の居住の用に供されていた部分だけでなく，長男の居住の用に供されていた部分についても「被相続人等の居住の用に供されていた宅地等」に含まれることとなります。したがって，この二世帯住宅の敷地全体について，被相続人要件を満たすことになります。

　なお，この場合の判断において，長男が父と生計を一つにしていた場合でも，生計を別にしていた場合でも，結果は同じです。

2 相続人要件の判定

　区分所有登記がされていない二世帯住宅については，2階に居住していた長男についても「同居親族」となり，申告期限まで所有・居住継続要件を満たす場合には特定居住用宅地等に該当しますので，長男が取得した部分について80％の減額対象となります。

　一方，この二世帯住宅に居住していなかった長女については「別居親族」となりますが，別居親族の場合の要件である「被相続人に配偶者がいない」「被相続人の居住の用に供されていた独立部分（1階）で被相続人と共に起居していた者がいない」「3年内に自己又は自己の配偶者や3親等内の親族もしくは自己と特別の関係のある法人の所有する家に居住したことがない」「相続開始時において居住の用に供していた家屋を過去に所有したことがない」を満たしているため，申告期限まで所有継続要件を満たす場合には特定居住用宅地等に該当しますので，長女が取得した部分についても80％の減額対象となります。

特定居住用宅地等（自宅の土地）

事例 16 相続人が海外に居住している場合

[非居住者]

日本に一人で住んでいた母が亡くなりました。私は4年前からアメリカに住んでおり、住居は2年前にアメリカで購入した持ち家で暮らしています。

母が暮らしていた日本の自宅の土地について、小規模宅地等の特例を適用したいと考えています。母と同居していない場合、3年以内に自宅を所有していないことが要件と聞きましたが、適用できないのでしょうか？ちなみに私は日本国籍です。

あなたはアメリカで持ち家を持っているとのことですが、「相続開始前3年以内に日本国内にある自己又は自己の配偶者の所有する家屋に居住したことがない者」が要件になりますので小規模宅地等の特例の適用を受けることができます。

1 制度概要

　被相続人の配偶者又は相続開始の直前において被相続人と同居していた一定の法定相続人がいない場合において、被相続人の親族で、相続開始前3年以内に日本国内にある自己又は自己の配偶者の所有する家屋（相続開始の直前において被相続人の居住の用に供されていた家屋を除く）に居住したことがなく、かつ、相続開始の時から相続税の申告期限までその宅地等を有している人（制限納税義務者のうち日本国籍を有しないものを除く）が対象になります。

2 適用

　本事例の場合には，アメリカに家を持っていますが，条文では「法施行地内に」と記載されております。つまり，日本国内に3年内に持ち家を所有しておらず，その他の要件を満たすことにより，非居住者であったとしても，3年内家なき子に該当し，小規模宅地等の特例の適用を受けることができます。

特定居住用宅地等（自宅の土地）

事例 17　終身利用型有料老人ホームに入所した場合①

老人ホーム

　私は長男が近所に住んでいるものの，自宅に単身で生活していました。しかし，老齢に伴い手が麻痺するようになり，日常生活に支障が出てきたので，介護付終身利用型有料老人ホームに入所することにしました。これまで住んでいた自宅は，長男がいつでも私が帰ってこられるように維持管理してくれています。
　このような場合に特例を受けることができるのでしょうか。

　終身利用権を伴う老人ホームに入所する場合は特例を適用できませんでしたが，平成26年1月1日より要件が緩和され，特例が認められるようになりました。

1　老人ホームに入所したときの取扱い

(1) 基本的な考え方

　被相続人がそれまでに生活していた住居から老人ホームに入所したとなると，老人ホームは病院のような病気治療の施設と違い一般的には入所者が通常の生活を送れるような設備や施設を有していますから，生活の拠点も老人ホームに移ったと考えられます。
　とはいっても，事情により一時的に老人ホームに入っているだけであって，終の棲家は自宅だと考える人もいますから，場合によっては自宅の敷地が特定居住用宅地等に認められる場合があります。

(2) 小規模宅地等の特例の対象となる場合の要件（平成25年12月31日まで）

そこで，自宅を離れて亡くなった場合でも，以下の要件を満たす場合には自宅の敷地に小規模宅地等の特例を適用することができるとされていました。

① 身体又は精神上の理由により介護を受ける必要があったため入所したこと

② 被相続人がいつでも生活できるように建物の維持管理が行われていたこと

③ 入所後新たにその建物を他の者の居住等の用に供していた事実がないこと

④ 被相続人や親族が老人ホームの所有権や終身利用権を取得していないこと

(3) 終身利用権付の老人ホームの場合

上記の事例を要件に当てはめてみると，①，②，③の要件を満たしていますが，終身利用権が付いているため，④が該当せず小規模宅地等の特例を適用することができませんでした。これは終身利用権を伴う老人ホームに入所すると外形的に生活の拠点が老人ホームに移ったとみなされていたためです。

2 平成25年度税制改正

平成25年度税制改正により平成26年1月1日以後から上記の要件が以下のとおりに緩和されました。これにより終身利用権を取得したとしても特例が認められるようになりました。

① 要介護等の認定を受けた被相続人が入所していたこと

② その家屋が貸付け等の用途及び被相続人又は被相続人と生計を一にしていた親族以外の者の居住の用に供されていないこと

特定居住用宅地等（自宅の土地）

事例 18 　終身利用型有料老人ホームに入所した場合②

[老人ホーム]

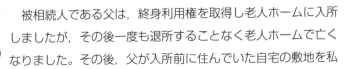

被相続人である父は，終身利用権を取得し老人ホームに入所しましたが，その後一度も退所することなく老人ホームで亡くなりました。その後，父が入所前に住んでいた自宅の敷地を私が相続することになりました。私は，父が入所前は同居しておりましたが，入所後は，私が購入した他の家に移り住み，相続時には，自宅に住んでおりませんでした。この場合，私は小規模宅地等の特例の適用を受けることはできるでしょうか。

 解　説

今回のように非同居である親族が取得する場合には適用を受けることはできません。同居親族としてこの特例を受けるためには相続開始時から申告期限まで居住し続けるというそもそもの要件を満たす必要があります。

1　生活の拠点の判断

　相続開始直前において被相続人の居住の用に供されていた自宅の敷地を，一定の相続人が相続した場合には，相続税の計算上，その自宅の敷地の評価については330㎡まで80％減額されます。

　この特例の適用にあたっては，相続開始直前においてその自宅が被相続人の居住の用に供されていたことが前提となるため，老人ホームに入所していた場合には，原則この特例は適用できないこととなります。平成25年12月31日までの取扱いでは，**事例17■(2)**の四つの要件全てに該当した場合には，老人ホームに入所していたとしても以前住んでいた自宅に居住していたものとみなされ，この特例を適用することができました。

2　同居親族の要件

　平成26年1月1日以降の相続又は遺贈から，**事例17❷**の要件に該当した場合には，終身利用権を取得していた場合であっても，小規模宅地等の特例を受けることができることとなりました。ただし，同居親族が自宅を取得する場合には相続開始時から申告期限まで引き続き居住を継続するという要件があります。

　本事例では，入居後に子が自宅に居住していないためその要件を満たさないことになります。

特定居住用宅地等（自宅の土地）

事例 19　老人ホームに入所中に相続が開始した場合

老人ホーム

父は相続開始の直前において老人ホームに入所していました。その入所後に私が自宅に住むようになりました。私が自宅を相続した場合，小規模宅地等の特例の適用は受けられますか。

あなたが生計一親族に該当すれば受けられる可能性があります。

1　生活の拠点はどこにあるか

　被相続人の居住の用に供されていた宅地等として小規模宅地等の特例の適用を受けようとする場合には，相続開始の直前において，被相続人の生活の拠点がどこにあったかが重要になります。つまり，特例の適用を受けようとする宅地等の上の建物に住んでいたなどの事実が必要となります。

　被相続人が老人ホームに入居していた場合には，生活の拠点というのは一般的に，その入居していた老人ホームであると考えられ，その老人ホームに入居する前に住んでいた自宅の建物ではないと考えられます。平成26年1月1日以降は，終身利用権を取得していた場合であっても，一定の要件を満たせば，小規模宅地等の特例を受けることが可能となりました。ただし，同居親族が自宅を取得する場合には相続開始時から申告期限まで引き続き居住を継続するという要件があります。

2　相続開始直前に生計一親族の居住用宅地となっていた場合

　本事例では，父と子は老人ホームへの入居前には同居していませんでした。よって同居親族ではないため，小規模宅地等の特例を受けることができません。

　ただし，老人ホームに入居後，その父の自宅であった家に子が居住し生計一親族に該当すれば小規模宅地等の特例の適用を受けられる可能性があります。

　本書の他のQ&Aでも記載のとおり，生計一親族の証明は一般的に難しいことが多いため適用できないことも多く，注意が必要です。

特定居住用宅地等（自宅の土地）

事例20　要介護認定の申請中に死亡した場合の取扱い

老人ホーム

被相続人である父は，介護が必要となったため，私と同居していた自宅を出て，老人ホームに入居しました。

しばらくして，老人ホームで暮らしていた父が亡くなり，相続が発生しました。

相続開始の時において，父は要介護認定の申請中であり，まだ要介護認定は受けていませんでしたが，相続開始後になって父の要介護認定の結果通知が届きました。

私は引き続き自宅に住み続けており，相続によって自宅を取得しましたが，小規模宅地等の特例（特定居住用）の適用を受けることができるでしょうか？

老人ホームに入居していた被相続人の要介護認定の申請中に相続が発生した場合には，その被相続人の相続開始の日以後に要介護認定等があったとしても，要介護認定等は，その申請のあった日にさかのぼって効力が生ずるものとされるため，特例の適用を受けることができます。

1　相続開始の直前において被相続人の居住の用に供されていなかった宅地等について

被相続人が要介護認定又は要支援認定を受けており，次の住居又は施設に入居していた場合には，特例を適用することができます。

ただし，被相続人の居住の用に供さなくなった後に事業の用又は被相続人等以外の者の居住の用とした場合を除きます。

A　認知症対応型老人共同生活援助事業が行われる住居，養護老人ホーム，特別養護老人ホーム，軽費老人ホーム又は有料老人ホーム
　B　介護老人保健施設，介護医療院

2　要介護認定等について

　介護保険法の規定により，申請を受けた市町村は，申請者の心身の状況等を調査し，申請のあった日から30日以内にその申請に対する処分を行わなければならないこととされています。

　また，要介護認定等が行われる場合には，市町村は被相続人の生前に心身の状況等の調査行っていることから，その被相続人は，相続の開始の直前において介護又は支援を必要とする状況にあったことは明らかであると認められます。

　したがって，被相続人は相続の開始の直前において要介護認定等を受けていた者に該当するものとして差し支えありません。

特定居住用宅地等（自宅の土地）

事例21　空き家を売却した場合の3,000万円控除との関係

[老人ホーム]

被相続人である父は，自己の所有する土地の上に建物を所有し，その建物に居住しておりましたが，数年前に老人ホームへ入居し，その後亡くなりました。

相続人である私（子）は，この土地と建物を相続により取得し，相続税の申告をしようと思っております。

また私は賃貸物件に居住しており，この土地について隣地所有者から譲渡してほしいとの申し込みを受けたことから，相続税の申告後に売却をすることも考えております。

この場合に，相続税の申告の際に小規模宅地等の特例は適用できますか。また売却をしたときには，空き家を売却した場合の3,000万円控除の適用はできますか。

相続税申告の際の「小規模宅地等の特例（特定居住用宅地等）」については，適用ができるものと考えられます。

売却した場合の「空き家を売却した場合の3,000万円控除の特例」については，適用ができないものと考えられます。

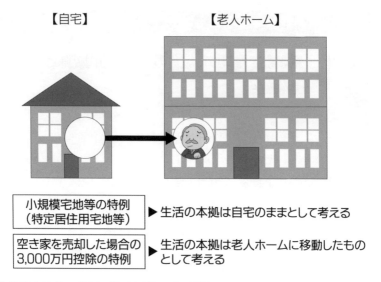

　小規模宅地等の特例（特定居住用宅地等）では，相続開始直前において被相続人の居住の用に供されていなかった宅地等の場合であっても，一定の要件を満たす老人ホームに入居等していたときは，その直前まで居住の用に供されていた宅地等については，被相続人の居住の用に供されていた宅地等に該当することとなりますので，その他要件を満たせば適用することができます。

　一方，空き家を売却した場合の3,000万円控除の特例では，被相続人居住用家屋とその敷地について適用がありますが，相続開始直前において被相続人の居住の用に供されていない場合には被相続人居住用家屋に該当しないこととなるため，適用ができないものと考えられます。

特定居住用宅地等（自宅の土地）

事例22 二次相続に有利な取得者・取得面積

[同居親族] [有利選択]

私の父は、自分の所有する家屋（敷地も父所有）に、父、母、私、私の妻の四人で住んでいます。父に相続が発生した場合、二次相続まで考慮すると、当該敷地（400㎡）を誰が何㎡取得するのが一般的に相続税の計算上有利になりますか。

一次相続、二次相続ともに息子が所有・居住継続要件を満たす場合には、一次相続では息子が330㎡、母が70㎡を取得し、二次相続では息子が一次相続で母が取得した70㎡を取得すれば、一次相続、二次相続の合計で父が元々所有していた400㎡全てについて小規模宅地等の特例を受けることができます。

1 特定居住用宅地等

被相続人が居住用に供していた建物の敷地は、配偶者が取得した場合又は居住親族が取得し、かつ、所有継続要件及び居住継続要件を満たした場合は、敷地面積のうち330㎡までの部分について80％の減額を受けることができます。

2 当該事例の場合の選択

(1) 特例の適用の可否

当該事例の場合、相続人である母と息子（私）が共に父と同居していたため、取得（息子については、所有・居住継続要件を満たす場合）すれば、特例を受けることができます。しかし、敷地が400㎡のため、330㎡を超える部分については、特例の適用を受けることができません。

(2) 取得者・取得面積の選択
　① 一次相続
　　配偶者である母は，税額軽減の適用を受けられるため，小規模宅地等の特例を受けることによるメリットは少なくなるので，息子（私）が敷地を取得した方が一般的に有利になります。また，息子（私）が全ての敷地を取得すると，特例の適用が受けられない部分が出てきます。
　　したがって，特例を受けることができる330㎡については息子（私）が取得し，残りの70㎡は配偶者の税額軽減が受けられる母が取得するのが一般的に有利となります。
　② 二次相続
　　二次相続において，息子が母と同居していれば，母の持分の70㎡についても特例を受けることができます。よって，400㎡全てについて一次相続・二次相続を通じて息子が特例を受けて相続することができます。

特定居住用宅地等(自宅の土地)

事例23 特定居住用宅地等と貸付事業用宅地等の選択適用

貸付事業用宅地等　有利選択

父は田舎で父の所有する家屋A(敷地も父所有)に母と二人で住んでおり,息子である私は,勤務先の会社の社宅に妻と住んでいます。なお,私と妻は今まで不動産を所有したことは一度もありません。また,父は都心に賃貸用としてアパートB(敷地も父所有)を所有しています。

各々以下の相続税評価額(小規模適用前)である場合において,父に相続が発生したとき,二次相続まで考慮すると,一般的に誰が何を取得するのが相続税の計算上有利になるといえるのでしょうか。

① 家屋Aの敷地330㎡　15万円/㎡
② アパートBの敷地200㎡　50万円/㎡

解説

アパートBの敷地を息子(私)が取得し,特例を受ける方が一般的に有利となります。また,アパートBの敷地は特例適用限度面積の200㎡に達しているため,家屋Aの敷地については,特例を受けることができません。そのため,配偶者の税額軽減を受けることができる母が家屋Aの敷地を取得した方が一般的に有利となります。

1 一次相続

(1) 家屋Aの敷地

家屋Aの敷地については,息子(私)は同居していなかったため特例は受けられませんが,配偶者である母が取得した場合は,特例を受けることができます。

(2) アパートBの敷地

アパートBの敷地については，所有継続要件及び事業継続要件を満たせば母と息子（私）共に特例を受けることができます。

(3) 減額金額の比較

減額金額を比較すると，下記のとおり，アパートBの敷地の方が減額金額が高くなります。

　　家屋Aの敷地（特定居住用宅地等）：
　　　3,960万円（15万円／㎡×330㎡×80％）
　　アパートBの敷地（貸付事業用宅地等）：
　　　5,000万円（50万円／㎡×200㎡×50％）

(4) 配偶者に対する税額軽減

配偶者である母は，税額軽減の適用を受けられるため，小規模宅地等の特例を受けることによるメリットは少なくなります。

(5) 二次相続のための納税資金対策

母がアパートBを取得すると，賃料収入が入ってきます。賃料収入は母の財産となり，二次相続まで残っていると，相続税の課税対象となるため，一般的に不利となります。一方息子（私）が取得すると，二次相続のための納税資金対策になります。

したがって，(1)～(5)を考慮すると，父の相続においては，息子がアパートBの敷地を取得するのが一般的に有利となります。

2 二次相続

母が一次相続で取得する家屋A（母が一人で居住）の敷地を，息子（私）が取得すると，息子（私）及び息子の妻は持ち家がないため，家屋Aの敷地について，二次相続の際，特定居住用宅地等として小規模宅地等の特例を受けることができます。よって，アパートBの敷地及び家屋Aの敷地について，一次相続・二次相続を通じて，息子（私）が特例を受けて相続することができます。

特定居住用宅地等（自宅の土地）

事例24 住民票を移さずに転居先で亡くなった場合

生活の拠点

父は長年広い戸建に一人で住んでおりましたが，晩年は管理が大変であったため，亡くなる2年位前から所有していたマンションに転居し，そこで生活をしていました。

しかし，転居の際に住民票を移さなかったため，実際に居住していた居所と住所が異なる状況にあります。この場合，どちらの宅地で小規模宅地等の特例を適用するべきでしょうか。

解説

実際に居住していたマンションが対象になると考えられます。

ただし，客観的に父がマンションに住んでいたことを証明する事情説明資料（例えば，戸建分とマンション分の公共料金の明細により実際に居住していた場所がマンションであるという内容の事情説明書等）が必要となります。

相続の開始の直前において被相続人等の「居住の用に供されていた宅地等」であるかどうかは，形式的には被相続人の住所を住民票の除票等で確認を行います。

「居住の用に供されていた宅地等」とは，相続の開始の直前において，被相続人等が現に居住の用に供していた宅地等を意味し，被相続人の死亡直前に現に生活の拠点として使用していたことが必要であり，具体的には，被相続人のその建物への入居目的，日常生活の状況，その建物の構造及び設備の状況，生活の拠点となるべき他の建物の有無その他の事実を総合勘案して，社会通念に照らして客観的に判断すべきであると解されています。

特定居住用宅地等（自宅の土地）

事例25　別居する母の自宅に住民票だけ移した場合

同居の証明

父の死後も母は自宅で一人暮らしを続け，二人の子供である私（長女）と次女は母と同居することなくそれぞれの持ち家で暮らしていました。母が住んでいる自宅は名古屋市の中心部にあるため土地の評価が高く，将来母に相続が発生した場合には相続税が高額になる可能性があります。

そこで私は，母と同居親族になることによりその土地に小規模宅地等の特例を適用しようと考え，住民票を母の住む自宅に移しました（ただし，実際には母と一緒に暮らすことがなく，私の持ち家に住んでいます）。これで同居したことの証明になると考えていますが，よろしいでしょうか。

解説　住民票を移しただけでは，同居の証明にはならないと考えられます。

相続開始直前において被相続人の居住の用に供されていた自宅の敷地を，同居親族が相続又は遺贈により取得し相続税の申告期限まで引き続き住み続けた場合には，その敷地の評価については小規模宅地等の特例が適用され，330㎡まで80％減額されます。

今回の事例では，同居親族が居なかったため長女は住民票を母の自宅に移すことによって，同居親族に該当するものと考えていました。

しかし同居の判定は，住民票の有無による形式判定ではなく，実際にどこに住んでいたのかという実質判定で行われます。したがって，今回の事例のように長女は住民票を母の自宅に移し，実際に母と同居をしないのであれば，母の

同居親族には該当せず小規模宅地等の特例が適用できないこととなります。

　一方で住民票は別の場所にあったとしても，実際に相続開始直前までに母と同居していることが証明できれば，小規模宅地等の特例を適用することができます。証明の方法としては，例えば住民登録をしている場所の水道代やガス代がほとんど使われていない，郵便物は実家に届くなど，母と同居していたことが客観的に証明できるものが必要となります。

特定居住用宅地等（自宅の土地）

事例26　私道部分への適用

私道

　この度父が亡くなりました。父の相続財産の大半を占めるのは，実家の土地です。

　この土地は，祖父の相続の際に，相続税を支払うため，3分割し，そのうちの1区画に住まいを新たに建てて住んでいました。他の2区画を売却するにあたり，敷地内に私道を設定し，売却した2区画の所有者と私の父の3名でこの私道を所有しております。行き止まり私道なので，自用地として評価した価格の100分の30に相当する価格で評価することを税理士から聞きましたが，この私道にも小規模宅地等の課税の特例は適用できるのでしょうか？

　実家の土地と私道は母が相続します。

解　説

　ご質問のような私道は，当該私道がなければ実家の土地を使用することができない必要不可欠な土地であるため，私道であっても，居住の用に供されている宅地等として，小規模宅地等の課税の特例が適用できます。

1　具体的な計算例

　　実家の土地　　　　　200㎡　　　6,000万円の評価額
　　私道部分の土地　　　60㎡　　　1,800万円の評価額
　　　　　　　　　　　（このうち，被相続人の持分3分の1）
　配偶者が相続し，小規模宅地等の特例の適用を受けることとします。

実家の土地の面積は200㎡，私道部分の面積は，20㎡（60㎡の３分の１）であるため，実家の土地及び私道の全部分について特定居住用宅地等として小規模宅地等の特例の適用が受けられます。

　　実家の土地　　　6,000万円×（１－80/100）＝1,200万円
　　私道部分の土地　1,800万円×1/3×30％×（１－80/100）＝36万円

以上の評価となります。

特定事業用宅地等／特定同族会社事業用宅地等（店舗や会社の土地）

事例 27　事業を引き継いだ場合

特定事業用宅地等　要件

父は所有するＡ土地の上に建物を建て，事業（八百屋）を行っていました。父が亡くなった後はサラリーマンである私（息子）が会社を退職し，八百屋を引き継ぐことを考えています。この場合，八百屋を引き継いだ私がＡ土地を相続したうえで，特例を受けることができるのでしょうか。

 解　説

要件を満たせば特定事業用宅地等として80％減額の適用を受けることができます。

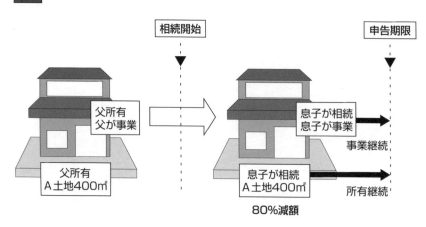

1 特定事業用宅地等とは

　被相続人又は被相続人の生計一親族の事業の用に供されていた宅地等について，要件を満たした場合に「特定事業用宅地等」として小規模宅地等の特例の対象となります。

　なお，当該特例の対象となる事業には不動産貸付業等は含まれないことに注意が必要です。不動産貸付業等については要件を満たすことで「貸付事業用宅地等」に該当し200㎡まで50％の減額が認められています。

2 要　　件

① 事業の継続要件

　事業を引き継いだ被相続人の親族が宅地等を取得し，申告期限まで事業を引き続き行っていること

② 所有の継続要件

　事業を引き継いだ被相続人の親族が宅地等を取得し，申告期限までその宅地等を所有し続けていること

3 限度面積と減額金額

　特定事業用宅地等に該当する場合には，その宅地等の評価額を400㎡まで80％減額することができます。

　なお，特定居住用と特定事業用は完全併用でき，330㎡＋400㎡＝730㎡まで80％減額することができます。

特定事業用宅地等／特定同族会社事業用宅地等（店舗や会社の土地）

事例28 父と共同出資したスーパーの土地・建物

特定同族会社事業用宅地等　要件

　父と私（息子）が50％ずつ出資して設立した甲社は，父が所有するＡ土地を有償にて賃借したうえで建物を建て，事業（スーパーマーケット）を行っていました。

　父亡き後は私が甲社の代表取締役としてスーパーマーケットを経営しています。この場合，甲社の代表取締役となった私がＡ土地を相続したうえで，特例を受けることはできるのでしょうか。

要件を満たせば特定同族会社事業用宅地等として80％減額の適用を受けることができます。

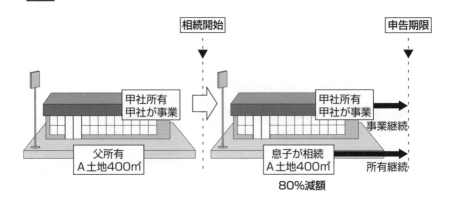

1 特定同族会社事業用宅地等とは

同族会社に有償で貸し付けている宅地等については要件を満たせば「貸付事業用宅地等」として200㎡まで50％の減額が認められています。しかしながら被相続人と同族会社が一体と認められる場合には，事業を個人で行う場合と減額割合を揃えるべきという考えがあります。そこで一定の要件を満たす場合には「特定同族会社事業用宅地等」として個人が事業を行う場合と同じ80％の減額を認めています。

2 要　件

① 出資割合要件

被相続人及び被相続人の親族等が50％超出資する同族会社が，被相続人所有の宅地等を有償で賃借し，事業の用に供していること

② 役員要件

宅地等を取得した親族は，申告期限において同族会社の役員に就任していること

③ 事業の継続要件

被相続人の親族が宅地等を取得し，申告期限まで引き続き同族会社の事業の用に供されていること

④ 所有の継続要件

被相続人の親族が宅地等を取得し，申告期限までその宅地を所有し続けていること

3 限度面積と減額金額

特定同族会社事業用宅地等に該当する場合には，その宅地等の評価額を400㎡（特定事業用宅地等を合わせて400㎡）まで80％減額することができます。

特定事業用宅地等／特定同族会社事業用宅地等（店舗や会社の土地）

事例29 医療法人に貸し付けている土地

特定同族会社事業用宅地等　医療法人

私（被相続人）が所有している土地を息子（相続人）が経営している医療法人に有償で貸し付けていました。理事長である息子が当該土地を相続した場合，小規模宅地等の特例は適用できますでしょうか。

解説　息子が経営している医療法人が「持分の定めのある医療法人」なのか「持分の定めのない医療法人」なのかにより取扱いが変わることになります。

1　持分の定めのある医療法人の場合

下記の要件を満たすときは，特定同族会社事業用宅地等に該当し400㎡まで80％の評価減を受けることができます。

① 相続開始直前において被相続人及びその親族等が有する医療法人の出資の総額の2分の1を超えること
② 土地の貸付けが有償であること
③ 法人の役員である親族が取得すること
④ 相続税の申告期限まで引き続き所有継続をして法人の事業の用に供されていること

2　持分の定めのない医療法人の場合

相続税の申告期限まで引き続き所有し，貸付けを継続している場合は貸付事業用宅地等として200㎡まで50％の評価減を受けることができます。

3 医療法人について

　平成19年4月1日以降，医療法が改正となり，とりわけ医療法人の制度が大きく変わりました。旧法では持分の定めのある医療法人が，医療法人の形態のほとんどを占めていました。しかし，改正後は，持分の定めのある医療法人を設立することができなくなり，持分の定めのない医療法人しか設立することができません。従来の持分の定めのある医療法人は，経過措置として残ることとなりました。

　この二つの医療法人の大きな違いは解散するときの残余財産の帰属にあります。従来の持分の定めのある医療法人では，拠出した人は，その割合に応じて残余財産を受け取ることができました。しかし，改正後の持分の定めのない医療法人は，拠出した金額のみ返還を受けることができ，拠出額を超える部分の金額は国等に帰属することとなります。

特定事業用宅地等／特定同族会社事業用宅地等（店舗や会社の土地）

事例30　同族会社に無償で貸し付けている宅地

[特定同族会社事業用宅地等] [相当の対価]

私が100％株式を所有し，代表取締役をつとめる法人に土地を貸し付け，法人はその土地に本社屋を建築して事業を行っていました。

土地の賃貸にあたっては，「土地の無償返還に関する届出書」を提出し，当初は法人から私へ固定資産税の3倍程度の地代を支払っていましたが，近年法人の業績が悪化し，この2～3年は地代を支払っていませんでした。

もし，子供がこの土地を相続することになった場合，この土地に関して，「特定同族会社事業用宅地等」として，小規模宅地等の特例の適用はできますか。

宅地が被相続人の「事業用」と判断されるためには，実際に「相当の対価」といえるだけの地代を受け取っていたかどうかで判断されます。

１　相当の対価

一般的に，固定資産税の2～3倍程度の地代を受け取っていれば，「相当の対価」と認められますが，無償で貸し付けていたとなると，「事業用」とは認められず，したがって，「特定同族会社事業用宅地等」に該当しないことになります。

2 あくまでも「相続時点」で判定

　この場合の判定は，過去にどうであったかではなく，相続時点での判断になりますので，注意が必要です。

　法人の業績が悪化したからといって安易に地代を無償にすることはせず，支払地代を計上し，個人側でも地代収入を不動産所得として申告することにより，400㎡まで8割減という，大きな評価減を取れる「特定同族会社事業用宅地等」に該当することになります。

特定事業用宅地等／特定同族会社事業用宅地等（店舗や会社の土地）

事例 31　同族会社が不動産貸付業を営んでいる場合

特定同族会社事業用宅地等　一定の事業

私が100％株式を所有し，代表取締役をつとめる法人に私の所有する土地を賃貸借契約により貸し付け，法人はその土地に本社屋を建築して不動産貸付業を行っています。

もし，子供がこの土地を相続した場合，この土地に関して「特定同族会社事業用宅地等」の適用はできますか。

解説　特定同族会社事業用宅地等として小規模宅地等の特例の適用を受けることはできません。

特定同族会社事業用宅地等として小規模宅地等の特例の適用を受けるためには，「法人の事業」の用に供されている必要がありますが，その「法人の事業」からは，不動産貸付業など一定の事業※が除かれていますので，特定同族会社事業用宅地等として小規模宅地等の特例の適用を受けることはできません。

ただし，法人に賃貸借契約で貸しているので，貸付事業用宅地等として，一定の要件を満たせば小規模宅地等の特例の適用を受けることができます。

※　一定の事業とは不動産貸付業のほか，駐車場業，自転車駐車場業及び準事業をいいます。

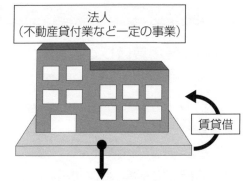

特定事業用宅地等／特定同族会社事業用宅地等（店舗や会社の土地）

事例32　建物を使用貸借している場合

特定同族会社事業用宅地等　**使用貸借**

父が所有する土地の上に，母が建物を建築しその建物で父が魚屋を行っております。

父が亡くなった後はサラリーマンである私（息子）が会社を退職し，事業を引き継ぐことを考えています。この場合，事業を引き継いだ私が土地を相続すれば小規模宅地等の特例を受けることができるのでしょうか。

解説

建物を母から使用貸借により借りているなどの一定の要件を満たせば特定事業用宅地等として80％減額の適用を受けることができます。

▶要件

特定事業用宅地等として小規模宅地等の特例の適用を受けるためには下記の要件を満たす必要があります。

①　母は父から土地を無償で借り受けていること（使用貸借）
②　父は母から建物を無償で借り受けていること（使用貸借）
③　事業は不動産貸付業その他一定の事業以外であること

よって，例えば父と母の間で土地が賃貸借契約となっている場合には，特定事業用宅地等には該当しないこととなります。

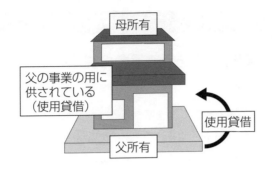

貸付事業用宅地等（貸家・アパートの土地）

事例33 貸付事業を継ぐ場合の貸家・土地の相続

要件

貸家とその敷地を所有していた父が亡くなり，相続人である私（息子）がその貸家とその敷地を取得しました。

このようなケースで，私が父の貸付事業を承継した場合には，特例を受けることができるのでしょうか。なお，父は10年前からその貸家を第三者に賃貸していました。

解説

その敷地は貸付事業用宅地等として，小規模宅地等の特例の適用があります。

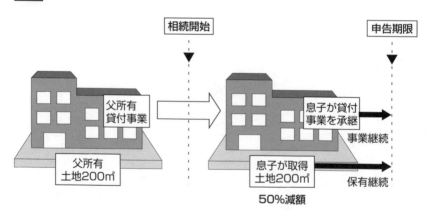

1 貸付事業用宅地等とは

　相続開始直前において被相続人の貸付事業の用に供されていた宅地等を，次の2の要件全てに該当する被相続人の親族が相続又は遺贈により取得した場合には，その宅地等は貸付事業用宅地等に該当します。

　ただし，貸付事業用宅地等の範囲について改正があり，要件が厳しくなりました。平成30年4月1日以後の相続等より，相続開始前3年以内に新たに貸付事業の用に供された宅地等（相続開始前3年を超えて，事業的規模で貸付事業を行っている者の当該貸付事業の用に供されたものを除く）が除外されます。

　なお，平成30年3月31日以前から貸付事業の用に供されている宅地等については，改正は適用されないため，従前どおりの扱いとなります。

2 要　　件

① **事業の継続要件**

　その宅地等を取得して被相続人の事業を承継した親族が，申告期限まで事業を引き続き行っていること

② **保有の継続要件**

　その宅地等を取得して被相続人の事業を承継した親族が，申告期限までその宅地等を保有し続けていること

※　被相続人の生計一親族の貸付事業用に供されていた宅地等についても，その生計一親族が相続開始直前から相続税の申告期限まで，その宅地等に係る貸付事業を行い，かつその宅地等を相続税の申告期限まで保有し続けている場合には，貸付事業用宅地等に該当します。

3 限度面積と減額金額

　貸付事業用宅地等に該当する場合には，その宅地等の評価額を200㎡まで50％減額することができます。

　なお，特定居住用や特定事業用（特定同族会社事業用を含む）と併用する場合，限度面積は下記の算式により計算されます。

$$A \times \frac{200}{400} + B \times \frac{200}{330} + C \leqq 200㎡$$

A……特定事業用宅地等と特定同族会社事業用宅地等の面積の合計（㎡）

B……特定居住用宅地等の面積の合計（㎡）

C……貸付事業用宅地等の面積の合計（㎡）

貸付事業用宅地等（貸家・アパートの土地）

事例34 不動産賃貸を開始した時期

適用対象

夫（被相続人）は，亡くなる1年ほど前から，自分が所有する土地にアパートを建築し賃貸経営を行っていました。

相続人である私（妻）は，この土地とアパートを相続により取得し，賃貸経営を引き継ぐことを考えていますが，私は，このアパートの敷地について「貸付事業用宅地」として小規模宅地等の特例の適用はできるのでしょうか。

なお，夫はこのアパート一棟以外に，賃貸物件は所有していません。

解説

本件敷地の場合，相続開始前3年超の貸付事業期間がないため「貸付事業用宅地」として小規模宅地等の特例の適用を受けることはできません。

ただし，平成30年3月31日までに貸付事業の用に供されている宅地については，この特例の適用を受けることができます。

1 適用対象の縮小

平成30年度税制改正により，貸付事業用宅地等についての小規模宅地等の特例に関して，その適用範囲が縮小されました。改正後は，従来の要件を満たしていても，相続開始前3年以内に貸付事業の用に供された宅地等（相続開始前3年を超えて事業的規模で貸付事業を行っている者の当該貸付事業の用に供されたものを除く）が適用対象から除かれることとなります。

なお，この改正は平成30年3月31日以前から貸付事業の用に供されている宅地等については適用されません。

2　事業的規模とは

　貸付事業用宅地等についての小規模宅地等の特例において，事業的規模の判定は，所得税法基本通達26－9を準用することにより判定することになると考えられます。

　つまり，5棟10室基準により形式的な判断，収入や貸付面積などを勘案した実質的な判断により事業的規模か否かを判定していくことになると考えられます。

3　二次相続時の取扱い

　租税特別措置法施行令第40条の2第17項には，被相続人が貸付事業を行っていた期間は，貸付事業を引き継いだ相続人の貸付事業期間とみなされる旨が規定されています。

　したがって本件の場合，被相続人が貸付事業を行っていた1年間は，妻の相続時に，妻が貸付事業を行っていた期間とみなされて小規模宅地等の特例の適用の可否を判定することとなります。

貸付事業用宅地等（貸家・アパートの土地）

事例 35　建築中アパートへの適用

事業の中断

　私の父は賃貸アパートを所有しており，その建物が老朽化したため建替えを行っていた最中に死亡し，相続が発生しました。

　この賃貸アパートについては，工事の開始時から不動産仲介業者を通じて新規入居者の募集を行っていました。

　このように賃貸アパートの建築中に相続が発生した場合における，貸付事業用宅地等としての小規模宅地等の特例の適用についてはどのような取扱いになりますか。

解　説

　被相続人である父は賃貸アパートの建築中において，不動産仲介業者を通じた新規入居者の募集を行っていたことから，相続開始の直前における，賃貸アパートの事業の準備行為の状況から見て，その建物等を速やかに事業の用に供することが確実であったと認められます。

　ゆえにこの賃貸アパートの敷地の用に供されている宅地等については，貸付事業用宅地等として小規模宅地等の特例を適用することができます。

【建物等の建築中の場合の小規模宅地等の特例適用フローチャート】

```
被相続人又は被相続人の親族の所有する建物等の移転又は建替えのための
代替建物等の建築中又は建築後供用日までの間に，その建物等の敷地の用
に供されている宅地等について相続が開始している。
```

① 相続開始直前において，被相続人等がその建物等を従前と同じ目的に供すると確認できる客観的な事実がある。

② 被相続人の生計一親族又は相続・遺贈によりその建物等若しくは土地を取得した親族が，相続税の申告期限までにその建物等を従前と同じ目的に供している。
（相続税の申告期限において未完成の場合であっても，建物等の規模からみて，建築に相当の期間を要する場合で，完成後速やかに従前の目的の用に供することが確実であると認められるときを含む）

③ ①②のいずれにも該当しない。

その建築中の建物等が
・被相続人等の事業用に該当する…A
・被相続人等の居住用に該当する…B
・上記のいずれにも該当しない……C

A： 新規開業や支店増設等のための建替えに該当しない。
- YES → ・特定事業用宅地等の要件を満たす宅地等である…a
　　　　・貸付事業用宅地等の要件を満たす宅地等である…b
- NO → 減額不可

B： 被相続人等が建設中の建物以外に居住用建物等を所有していない（仮住い，一時利用目的のものを除く）。
- YES → 特定居住用宅地等の要件を満たす宅地等である。
  - YES → 80%減額
  - NO → 減額不可
- NO → 減額不可

C： 減額不可

- a：80%減額
- b：50%減額

郵 便 は が き

料金受取人払郵便

落合局承認

4196

差出有効期間
2019年6月30日
(期限後は切手を
おはりください)

161-8780

東京都新宿区下落合2-5-13

㈱ 税務経理協会

社長室行

|||||||||||||||||||||||||||||||||||||||||||||||||

お名前	フリガナ		性別	男 ・ 女
			年齢	歳

ご住所	□□□-□□□□ TEL ( )

E-mail	

ご職業	1. 会社経営者・役員　2. 会社員　3. 教員　4. 公務員 5. 自営業　6. 自由業　7. 学生　8. 主婦　9. 無職 10. 公認会計士　11. 税理士　12. 行政書士　13. 弁護士 14. 社労士　15. その他（　　　　　　　　　　　　　　）

ご勤務先・学校名	

部署		役職	

ご記入の感想等は、匿名で書籍のPR等に使用させていただくことがございます。
使用許可をいただけない場合は、右の□内にレをご記入ください。　　□許可しない

ご購入ありがとうございました。ぜひ、ご意見・ご感想などをお聞かせください。
また、正誤表やリコール情報等をお送りさせて頂く場合もございますので、
E-mail アドレスとご購入書名をご記入ください。

この本の タイトル	

Q1　お買い上げ日　　　　年　　　月　　　日
　　　ご購入　1. 書店・ネット書店で購入（書店名　　　　　　　　　　　）
　　　方法　　2. 当社から直接購入　3. その他（　　　　　　　　　　　）

Q2　本書のご購入になった動機はなんですか？（複数回答可）
　　1. タイトルにひかれたから　　2. 内容にひかれたから
　　3. 店頭で目立っていたから　　4. 著者のファンだから
　　5. 新聞・雑誌で紹介されていたから（誌名　　　　　　　　　　　）
　　6. 人から薦められたから　　7. その他（　　　　　　　　　　　）

Q3　本書をお読み頂いてのご意見・ご感想をお聞かせください。

Q4　ご興味のある分野をお聞かせください。
　　1. 税務　　　　2. 会計・経理　　　3. 経営・マーケティング
　　4. 経済・金融　5. 株式・資産運用　6. 法律・法務
　　7. 情報・コンピュータ　8. その他（　　　　　　　　　　　　　）

Q5　カバーやデザイン、値段についてお聞かせください
　　①タイトル　　　　　　1良い　2目立つ　3普通　4悪い
　　②カバーデザイン　　　1良い　2目立つ　3普通　4悪い
　　③本文レイアウト　　　1良い　2目立つ　3普通　4悪い
　　④値段　　　　　　　　1安い　2普通　3高い

Q6　今後、どのようなテーマ・内容の本をお読みになりたいですか？

ご回答いただいた情報は、弊社発売の刊行物やサービスのご案内と今後の出版企画立案の参考のみ
に使用し、他のいかなる目的にも利用いたしません。なお、皆様より頂いた個人情報は、弊社のプ
ライバシーポリシーに則り細心の注意を払い管理し、第三者への提供、開示等は一切いたしません。

貸付事業用宅地等（貸家・アパートの土地）

事例36 敷地の賃借人に無償で貸している私道の評価

私道

　自宅と隣接する宅地を第三者に賃貸していました。第三者に賃貸していた宅地は道路から奥まっていたため，第三者は父（被相続人）が所有している私道を通らなければなりませんでした。この私道は父の自宅敷地の裏門にも面していましたので，私たち家族もこの私道を使っておりました。

　第三者との土地賃貸借契約書の賃貸面積にはこの私道部分の面積が含まれていませんでしたが，契約書には「私道部分は無償」という記入がありました。

　この場合，この「私道部分は無償」という記述から私道部分も第三者に賃貸していたものとして賃貸宅地等に含めて評価することができるのでしょうか。

　第三者に貸し付けている土地は，賃貸借契約書に載っている面積（有料部分）と，私道（無料部分）の両方という考え方もできます。しかし，仮に私道部分も「第三者に賃貸している」土地であるとした場合，その貸した土地を賃貸人の家族も使用しているという使用の実態から判断して，「第三者に貸している」という理屈にあわないことになります。賃貸借契約書の文言だけではなく使用状況を考えて判断する必要があります。

1 私道の用に供されている土地の評価

　私道の用に供されている宅地は，その宅地が私道でないものとして評価した価額の30％相当額で評価します。この場合，その私道が不特定多数の者の通行の用に供されているときは，その私道の価額は評価しません（財産評価基本通達24）。

　また，宅地への通路として専用利用している場合は，宅地と分けて評価することはせずに，その宅地とともに一画地の宅地として評価をします。

2 判　　断

　評価の方法としては以下の三つが考えられます。

① 専用利用通路として第三者に賃貸している宅地とともに一画地の宅地として評価をする。
② 私道として単独で私道でないものとして評価した価額の30％で評価をする。
③ 自宅敷地に含めて評価をする。

　①について検討しますと，通常賃貸借契約を結んで土地を貸した場合，賃借人以外の者がその目的となった宅地を使うことはありません。しかし当該私道は，第三者の家族と，被相続人の家族が使用しています。この現実の利用状況から第三者に賃貸しているとはいえないと判断し，私道部分は賃貸していたのではなく，特定の者の通行の用に供されている土地であると考えられるため，②の私道として30％で評価することが妥当だと考えます。

貸付事業用宅地等（貸家・アパートの土地）

事例 37　空室があるアパートの評価額

減額計算　空家

　私の父は，アパート（敷地も父所有）を所有し，3年を超えて貸付けをしていました。父の相続が発生しましたが，4室のうち1室については，相続前後で賃借人が入っておらず，募集もしていませんでした（空家）。小規模宅地等の適用を受ける場合において，アパートの敷地の評価額はいくらになりますか。

　アパートは50万円／㎡の路線価に接する200㎡の敷地の上に建っています（借地権割合を70%と仮定します）。

解　説

　小規模宅地等の特例のうちの居住用，事業用については，小規模宅地減額前の評価額を面積で割り戻して減額単価を求めることができます。しかし，貸付事業用について，空室があるときは，小規模宅地減額前の評価額には自用地と貸家建付地の部分が混在しています。したがって，小規模宅地減額前の評価額を割り戻すのではなく下記❷のように減額単価を求める必要があります。

❶ 間違った計算例

(1) 評価額（小規模宅地減額前）

　50万円／㎡×200㎡×（1－0.7×0.3×3/4）＝8,425万円

(2) 小規模宅地の減額

　(1)÷200㎡×0.5×200㎡×3/4＝3,159万3,750円

(3) 評価額

　(1)－(2)＝5,265万6,250円

2 正しい計算例

(1) 評価額（小規模宅地減額前）

8,425万円

(2) 小規模宅地の減額

① 減額単価　50万円／㎡×（1－0.7×0.3）×0.5＝19万7,500円／㎡（下記図解参照）

② 対象面積　200㎡×3/4＝150㎡

③ 減額全額　①×②＝2,962万5,000円

(3) 評　価　額

(1)－(2)③＝5,462万5,000円

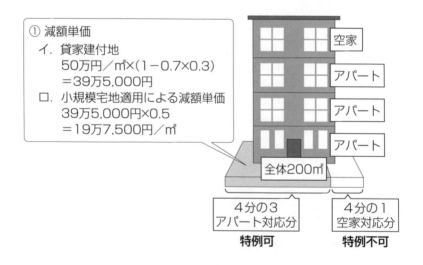

貸付事業用宅地等（貸家・アパートの土地）

事例38 1室だけ所有している賃貸マンションが空室の場合

空家

父（被相続人）は，区分所有マンションの1室を所有し，3年を超える期間，第三者に賃貸していましたが，相続開始3カ月前に賃借人が退去し，相続時点では空室でした。

相続当時も入居者募集をかけていましたが，このマンションの敷地について，「貸付事業用宅地」として小規模宅地等の特例の適用はできますか。

なお，相続後しばらくして入居者が決まり，相続税申告時点では，賃貸している状況にあります。

相続時点で入居者がいない場合は「貸付事業用」の評価減は適用できません。

1 たとえ1室でも賃貸していれば，「貸付事業用」に該当

相続開始時点で，貸付用として事業に供されていた不動産については，事業的規模に達していなくても，「貸付事業用」として，小規模宅地等の特例を適用することができます。

したがって，たとえ1室のみの賃貸であっても，適正な家賃を受領して賃貸していれば，「貸付事業用」として，200㎡まで50％の評価減を適用できることになります。

ただし，平成30年4月1日以降に賃貸を開始した不動産は，3年を超えて貸付けを行っている必要があります。

2 相続時点で賃貸していなければ,「貸付事業用」は適用不可

　賃貸事業を行っていれば,常に賃借人がいるとは限らず,一時的に空室になることはよくあることです。空室になったため,次の入居者を探すべく募集をかけていたところで,運悪く相続が発生してしまったというのがこのケースです。

　残念ながら,このケースでは「貸付事業用」の評価減は適用できないことになっています。相続時点では入居者がいないため,借家権が存在せず,相続人がマンションを処分しようと思えば,自己の判断で自由に処分できる状態にあるというのが,その理由です。

　たとえ,相続後に入居者が決まり,相続税申告時点では貸付状態になっていたとしても,小規模宅地等の特例の適用は認めてもらえないため,注意が必要です。

3 1棟賃貸の一部が空室だった場合

　ちなみに,マンション1棟を所有,全室を賃貸しており,その一部が一時的に空室であった場合には,退去後に速やかに入居者募集を行っているなどの条件を満たせば,マンション敷地全体を「貸付事業用」として小規模宅地等の特例の適用を認める取扱いになっています。

　これは,1室のみ賃貸の場合と異なり,1棟をまるまる賃貸している場合には,たとえ一部空室であっても他の賃借人がいる限り,所有者の一存で自由に処分できないためと考えられます。

貸付事業用宅地等（貸家・アパートの土地）

事例39 アスファルト舗装されただけの駐車場への適用

構築物等の敷地

　父（被相続人）が3年を超える期間，貸付けを行っていた駐車場の敷地について，アスファルト舗装がされていましたが，本人の確定申告書には構築物を減価償却資産として計上されていないため，誰がアスファルト舗装したものかわからない状態にありました。

　しかしながら，特例の適用対象になるか否かは，建物又は構築物の敷地であればよいと聞いていましたので，被相続人が敷地の上に敷かれているアスファルト舗装を利用して駐車場賃貸を行っていたため，小規模宅地等の特例の適用対象であると判断して申告しました。

　後日，税務調査において，アスファルトの劣化が激しく，舗装されているとはいえないため，青空駐車場であるとして，適用がない旨の指摘を受けましたが，納得できません。

　この場合に適用を認めてもらうことはできないのでしょうか。

　客観的にアスファルトという構築物が敷いてあり，これを利用して駐車場賃貸を行っていることを主張すれば，特例の適用が認められる可能性があります。

1　特例の対象となる駐車場の敷地

　貸付事業用の特例の対象となる駐車場の敷地は，以下の要件が必要です。

(1) 相当の対価を得て、継続して貸付けを行っていること

　駐車場の賃貸として、相当の対価の賃貸料を得て、継続して貸付けを行っていることが必要となります。

(2) 建物又は構築物の敷地となっていること

　特例の対象となる宅地は、「建物又は構築物」の敷地となっていることが要件となります。このうち構築物には、駐車場のアスファルトやコンクリート舗装、車止め、フェンス等が含まれることになります。

　① 青空駐車場の場合

　　青空駐車場が貸付事業用の小規模宅地等の特例として適用となるかについて、よく問題になるところです。特例の対象となる宅地の要件としては、先述のとおり「建物又は構築物の敷地となっていること」が必要となります。しかし、青空駐車場のように整地をして駐車場にしているだけでは、更地と変わりなく特例の適用対象とはなりえません。

　② 砂利敷きの場合

　　砂利敷きの場合、敷かれた砂利も構築物に該当します。したがって、砂利敷きの場合は特例の適用対象になりうるといえます。しかし、砂利敷きが少量で薄かったりする場合には構築物としてみなされず、特例の適用対象とは認められないケースも考えられますので、注意が必要です。

2　構築物の客観的判断

　特例の適用対象となる敷地について、「建物又は構築物」の敷地であることが要件であり、それが仮に被相続人の確定申告書の減価償却資産に計上されていなくとも、アスファルト舗装など構築物の敷地等として被相続人が駐車場賃貸を行っているのであれば、適用の対象になりうると考えられます。

貸付事業用宅地等（貸家・アパートの土地）

事例40 経営するアパートの敷地を無償で借りている場合

使用貸借　相当の対価

　父（被相続人）が所有する土地の上に，私がアパートを建築し，3年を超える期間，賃貸していました。アパートの建築資金は全額借入れによったため，私が家賃収入から返済していましたが，父に対しては地代を支払わず，土地の固定資産税は私が家賃収入から負担していました。私は父と同居しており，父と私はこのアパートの収入をもとに生計を一にしていました。

　このように，父が使用貸借により私に使用させていた宅地等であっても，貸付事業用宅地等として小規模宅地等の特例の適用が受けられるでしょうか。

解　説

　貸付事業用宅地等として小規模宅地等の特例の適用を受けるには，被相続人の貸付事業の用に供されていた宅地等を親族が引き継ぎ，申告期限まで保有，事業継続をする要件を満たすか，被相続人と生計を一にする者の貸付事業の用に供されていた宅地等をその生計を一にする親族が相続して申告期限まで保有，事業継続をする要件を満たす必要があります。

　父は使用貸借により貸し付けていたため，父の貸付事業には該当しません。よって生計を一にする親族の貸付事業の要件に該当すれば適用を受けることができます。

1　使用貸借している場合

　アパートの敷地など貸付事業の用に供されていた宅地等については，申告期限まで貸付事業を継続すること等の要件を満たしている場合には，貸付事業用宅地等として小規模宅地等の特例の適用が受けられます。

　ただし，アパート等の敷地であっても，被相続人の親族等がアパートを建築して貸付事業を行っている場合には，その貸付事業は被相続人ではなく当該親族等が行っている事業となります。したがって，被相続人がその親族等から相当の対価としての地代を受け取っていない場合には，被相続人の貸付事業の用に供されていた宅地等には該当しません。

　なお，一般的には固定資産税程度を受け取っていることは，相当の対価を得ているとはいえず，使用貸借と認められます。

2　生計を一にする親族の貸付事業である場合

　本事例の場合，被相続人（父）については使用貸借であるため貸付事業の用に供されていた宅地等には該当しませんが，生計を一にする子（私）の貸付事業の用に供されていた宅地等には該当することとなります。したがって，相続により当該土地を子（私）が取得し，申告期限まで事業継続し保有していた場合には，生計一親族の貸付事業用宅地等として小規模宅地等の特例の適用が受けられるものと考えられます。

貸付事業用宅地等（貸家・アパートの土地）

事例41 申告期限までに宅地等の一部の譲渡があった場合

一部譲渡

被相続人である父は，自己の所有する土地（200㎡）の上に建物1棟を所有し，その建物でアパート経営を営んでおり，3年を超える期間貸付けています。

相続人である私（息子）は，この土地と建物を相続により取得し，父が営んでいたアパート経営を承継して，申告期限まで引き続き営んでおります。

私は，納税資金捻出のため，この宅地等の一部（50㎡）について隣地所有者に対し，譲渡の申込みをし，申告期限までに譲渡契約を締結し，引渡しを完了しました。

小規模宅地等の適用を受ける場合において，アパート敷地の評価額はいくらになりますか。

解説

貸付事業用宅地等に該当するためには，「申告期限まで引き続き当該宅地等を有していること」という要件があるため，譲渡した部分の土地については，小規模宅地等の特例の適用はありません。

1 小規模宅地等の取扱い

相続人が相続税の申告期限までに相続により取得した宅地等の一部を譲渡している場合には，譲渡した部分は貸付事業用宅地等に該当しないこととなりますが，残りの部分については要件を満たしている限り貸付事業用宅地等に該当することとなります。

また，あなたの売却した土地に関する譲渡税については，取得費加算という特例があります。

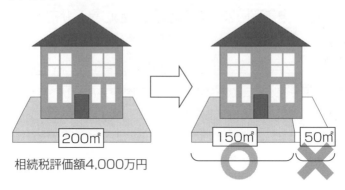

(1) 小規模宅地等適用面積
　　200㎡ − 50㎡ = 150㎡
(2) 課税価格の計算にあたって減額される金額
　　40,000,000円 × 150㎡ / 200㎡ × 50% = 15,000,000円
(3) 宅地等について課税価格に算入する価額
　　40,000,000円 − 15,000,000円 = 25,000,000円

2　取得費加算の特例

　相続により取得した土地を，一定期間内に譲渡した場合に，相続税額のうち一定金額を譲渡資産の取得費に加算することができるという制度です。

　あなたの場合は，売却した土地について譲渡税がかかるのであれば一定金額が取得費に加算されます。

貸付事業用宅地等（貸家・アパートの土地）

事例42 建物を共有している場合

共有

父が所有する土地の上に、父と母が2分の1ずつお金を出して建物を建築し、その建物を賃貸借契約により、3年を超える期間、第三者へ貸していました。

父が亡くなった後は、母が貸付事業を継続する予定です。

父の相続の際、母がその土地を相続して貸付事業を引き継いだ場合、小規模宅地等の特例を受けることができるのでしょうか。なお母は父に対して地代の支払をしておりません。

解説

貸付事業を継続すれば貸付事業用宅地等として50％減額の適用を受けることができます。

ただし、評価にあたって父の建物持分2分の1に対応する土地については、貸家建付地評価となりますが、母の建物持分2分の1に対応する土地については、使用貸借のため自用地評価となります。

具体的な計算方法は以下のとおりです。

- 土地の自用地としての全体評価額：50,000,000円
- 土地の全体地積：200㎡
- 借地権割合：70％

(1) 父の持分2分の1に対応する土地評価
 50,000,000円×1/2×(1－70％×30％)＝19,750,000円
(2) 母の持分2分の1に対応する土地評価
 50,000,000円×1/2＝25,000,000円
(3) 合計(1)＋(2)：44,750,000円

小規模宅地等の特例による減額金額

(4) 父の持分2分の1に対応する部分

(1)×100㎡／100㎡×50％＝9,875,000円

(5) 母の持分2分の1に対応する部分

(2)×100㎡／100㎡×50％＝12,500,000円

(6) 合計(4)+(5)：22,375,000円

(7) 宅地の評価額(3)−(6)

44,750,000円−22,375,000円＝22,375,000円

申告・計算等

事例43　特例適用のために必要な添付書類

必要書類

小規模宅地等の特例の適用を受けるためには，どのような書類を用意する必要がありますか。

解　説

申告書には，様々な書類の添付が必要となります。
適用を受ける特例の内容に応じ，次頁表「○」印の書類が必要な添付書類となります。

　小規模宅地等の特例には，適用を受ける内容により，様々な添付書類を付ける必要があります。例えば，同居親族として，特例の適用を受ける場合には，住民票の写しを添付する必要があります。（特例の適用を受ける人がマイナンバー（個人番号）を有し，マイナンバーと本人確認書類の写しを提出する場合には提出不要です。）この住民票の写しを添付することにより，被相続人と同じ住所であることを証明することができるわけです。しかし，この住民票の住所が違ったとしても，実態として同居しているときは，その事情を説明する資料を添付して，税務署に説明をすることになります。
　また，遺言や遺産分割協議書の写しを添付するのは，きちんと遺産分割が済んでいることを証明するためです。
　このように，添付書類はそれぞれに意味があります。添付がもれていると税務署から指摘を受けることになりますので注意してください。

相続税申告書に添付する書類	特定事業用宅地等	特定居住用宅地等				特定同族会社事業用宅地等	左記以外（貸付事業用宅地等など）
		配偶者が取得	同居親族が取得	生計一親族が取得	3年内家なき子が取得		
住民票の写し（相続開始日以後に作成された宅地等取得者のもの）（特例の適用を受ける人がマイナンバーを提出する場合は不要）	—	—	○	○	○	—	—
戸籍の附票の写し（相続開始日以後に作成されたもの）	—	—	—	—	○	—	—
相続開始前3年以内に居住していた家屋が自己又はその配偶者の所有する家屋以外の家屋である旨を証する書類	—	—	—	—	○	—	—
被相続人の全ての相続人を明らかにする戸籍謄本（相続開始日から10日経過後に作成されたもの）又は法定相続情報一覧図の写し、被相続人の養子の戸籍謄本（抄本）	○	○	○	○	○	○	○
遺言書の写し又は遺産分割協議書の写し	○	○	○	○	○	○	○
相続人全員の印鑑証明書（遺産分割協議書に押印したもの）	○	○	○	○	○	○	○
申告期限後3年以内の分割見込書（期限内に遺産分割できない場合）	○	○	○	○	○	○	○
特定同族会社の定款及び発行済株式の総数又は出資金額及び被相続人等が有するその法人の株式の総数又は出資の合計額を記した書類（その法人が証明したもの）	—	—	—	—	—	○	—

申告・計算等

事例44　未分割の場合の相続税の申告

未分割

今年の春に母が亡くなりました。相続人は，私と妹二人の合計三人です。妹たちは20年くらい前に嫁いでから実家とは疎遠になり兄弟仲もあまりよくありませんでした。結果，遺産分割はまとまらず，申告期限を迎えることとなりました。

事例のように二次相続の場合にもめるケースは多々あります。母親という調整役がいないためです。この場合，未分割で申告することとなり，法定相続分どおりに分割したものと仮定して申告しますが，小規模宅地等の特例は使うことができません。

1　未分割のまま申告期限が到来した場合の申告

申告期限までに分割が確定していない場合には，その確定していない財産は民法の規定に従って，法定相続分で分割が確定したものと仮定して相続税を計算することになります。

この場合，小規模宅地等の特例や，配偶者の税額軽減を適用しないで申告を行うため，税負担が重くなります。分割が完了していないと被相続人の預金の解約もできないため，相続人は自分の預金から納税することとなります。

2　分割が確定した後の手続

相続税の期限内申告と同時に「申告期限後3年以内の分割見込書」を提出して，申告期限から3年以内に未分割であった財産が分割された場合には，その分割により相続税額等に変動が生じる相続人等は，次の【分割確定後の手続】

の区分により，それぞれに掲げる申告書を提出又は更正の請求をすることができます。なお分割確定後，4カ月以内に期限後申告・修正申告や更正の請求を行うことで小規模宅地等の特例が適用でき，基本的に加算税や延滞税はかかりません。

【分割確定後の手続】

分割によって新たに申告書の提出義務が生じた者	→期限後申告
分割によって確定した相続税額等に不足が生じた場合	→修正申告
分割によって既にした申告・決定にかかわる税額等が過大となった場合	→更正の請求

【未分割の場合のデメリット】

(1) 配偶者の税額軽減が受けられません。
(2) 小規模宅地等の評価減が使えません。
(3) 農地等の納税猶予の適用ができません。
(4) 非上場株式等の納税猶予の適用ができません。
(5) 相続税の物納ができません。
(6) 不動産の売却による納税ができません。

【未分割でも(1)(2)の適用を受けられる可能性】

申告期限までに，相続税の申告書に「申告期限後3年以内の分割見込書」を添付して提出しておき，相続税の申告期限から3年以内に分割された場合には，(1)と(2)の適用を受けることができます。この場合，分割が行われた日から4カ月を経過する日までに「更正の請求」を行うことができます。

申告・計算等

事例45 申告期限後の特例の適用

特定居住用宅地等

被相続人である父は、自宅と金融資産等の資産を保有しておりました。

相続人は、母と私（長男）の二人で、自宅を相続したのは同居していた私です。当初、相続税の申告は関係ないと思い、司法書士に遺産分割協議書の作成をお願いし、登記も完了しておりました。しかし、その後、金庫から他の資産があることが判明し、財産の合計が基礎控除の金額を超えることとなりました。この場合、期限後申告により小規模宅地等の特例は適用できるでしょうか。

解説　申告期限内に遺産分割が整っていれば、期限後申告により小規模宅地等の特例の適用を受けることができます。また、小規模宅地等の特例の適用により課税価格が基礎控除を下回り、納税しない場合であっても相続税の申告は必要です。

1 遺産分割要件

　小規模宅地等の特例は、相続税の申告期限内に、共同相続人又は包括受遺者によって分割されていなければ適用することができません。しかし、未分割の場合であっても、「3年以内分割見込書」を相続税の期限内申告書に添付し、申告期限から3年以内に分割が行われた場合には、小規模宅地等の特例の適用を受けることができます。

2　手続規定

　小規模宅地等の特例は，相続税の期限内申告書，そしてこの申告書にかかる期限後申告書及び修正申告書に，特例の適用を受ける旨を記載し，計算明細書や一定の書類を添付した場合に限り適用する，と規定されています。
　すなわち，本事例のように，遺産分割は期限内に行い相続税の申告をしていなかった場合でも適用を受けることができます。

3　申告要件

　上記2の手続規定にあるように，小規模宅地等の特例は，相続税の申告をすることにより適用を受けることができます。したがって，特例の適用により，納税しない場合であっても申告の必要がありますので注意してください。

申告・計算等

事例46 申告期限前に自宅を売却した場合

[特定居住用宅地等] [配偶者] [同居親族]

平成2X年1月23日に夫が亡くなり，相続が発生しました。相続人は私（配偶者）と同居している長男の二人です。相続財産のうち自宅は私と長男で半分ずつ共有することにしました。自宅の土地は200㎡あり，相続評価額は1億円でした。

ところが，長男の転勤が決まってしまい私もついて行くことにしたので，自宅を売却することになりました。運よくすぐに売り先が決まり，平成2X年10月30日に売却しました。この場合の私と長男それぞれについて小規模宅地等の特例を受けることができるのでしょうか。

解説

配偶者が取得した宅地については適用を受けることができますが，長男が取得した宅地については適用を受けることはできません。

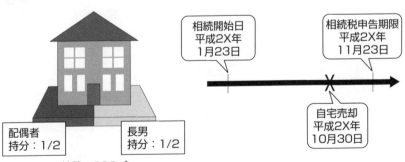

1　配偶者が取得した宅地の取扱い

(1)　小規模宅地等の特例の適用
　被相続人の自宅が特定居住用宅地等に該当するケースの一つとして，相続により自宅を取得した人が被相続人の配偶者である場合が挙げられます。つまり，配偶者であることが特例を適用するための要件となっているので，配偶者が取得した自宅の土地については無条件に小規模宅地等の特例の適用を受けることができます。

(2)　相続税評価額
　今回の場合，自宅の土地の評価額は1億円であり，その半分を取得することになりましたから，1億円の半分の5,000万円が土地の評価額となります。これについて小規模宅地等の特例を使うことができますから，80％の4,000万円を減額することができます。

　したがって，相続税評価額は「5,000万円－4,000万円＝1,000万円」となります。

2　長男が取得した宅地の取扱い

(1)　小規模宅地等の特例の適用
　小規模宅地等の特例が適用されるためには，以下の要件を満たす必要があります。
　① 同居親族の要件
　② 所有継続の要件
　③ 居住継続の要件

　今回の場合，申告期限前に自宅を売却してしまいましたので，②と③の要件を満たさなくなるため，小規模宅地等の特例を適用することができません。

(2)　相続税評価額
　特例の適用は受けられませんので，土地評価額5,000万円が評価額となります。

申告・計算等

事例47　遺産分割協議に際しての留意点

特定居住用宅地等　金融資産での調整

父に相続が発生し，相続人は兄（長男）と私（二男）です。財産は父と兄が同居していた自宅の宅地等と金融資産です。

自宅の宅地等については，同居親族である兄が引き継ぎ，小規模宅地等の特例を受けようと思います。また，分割については兄弟で平等になるようにと考えておりますので，残りの金融資産で調整できればと思います。そこで，遺産を平等に分割するために留意すべき点を教えてください。

解説　兄が相続した財産は小規模宅地等の特例の適用を受けているため，本来の価額よりも評価額が大幅に減額されています。そのため平等に遺産を分割する場合は小規模宅地等の特例の適用を受ける前の評価額で按分するように注意する必要があります。

1　小規模宅地等の特例による評価減の金額

　相続税の課税対象となる財産の金額は，小規模宅地等の特例により評価が減額された後の金額となりますが，財産の価値としては減額される前の評価額を基に計算することが合理的と考えられます。本事例においては，兄が相続する自宅の宅地等について小規模宅地等の特例を適用するということですが，遺産分割する財産の価値を平等にするという意味では，小規模宅地等の特例の適用前の評価額を基に計算した金額により遺産分割を検討すべきものと考えられます。

2 具体的計算

　本事例において，例えば，自宅の宅地等が1億円（時価と相続税評価額は同じものと仮定し，小規模宅地等の特例適用後の金額は2,000万円とします），金融資産が2億円の場合において，平等に遺産分割をするときは，以下のような考え方が合理的と考えられます。

　長男が引き継ぐ財産は自宅の宅地等1億円と金融資産4,127万円，二男が引き継ぐ財産は金融資産1億5,873万円とします。

　相続税額は，長男が約1,097万円，二男が約2,843万円となり，税額を差し引いた後の金額は長男が約1億3,030万円，二男が約1億3,030万円となります。

　上記の遺産分割の場合，当初の趣旨のとおり，税引後の財産額がほぼ平等となります。

申告・計算等

事例48 適用する宅地が複数ある場合の調整計算

限度面積 　調整計算 　有利選択

父の相続財産の中には，両親の自宅の土地とアパートの土地の2物件あります。

各土地の面積と評価額は，以下のとおりです。

自宅　　　　200㎡　　　1億円
アパート　　180㎡　　　3億円

自宅もアパートもそれぞれの限度面積となっていませんが，どのように選択すれば相続税の観点から有利なのか教えてください。

宅地等を取得した者が要件を満たす限り，複数の宅地等について小規模宅地等の特例を適用することが可能になります。複数の対象地がある場合は，減額金額が最も大きくなるように選択するとともに，配偶者の税額軽減も考慮して選択をする必要があります。

1　限度面積要件

(1)　計算方法

複数の宅地等について小規模宅地等の特例を適用する場合の限度面積の計算は，下記の区分に応じてそれぞれ以下のようになります。

① 特定事業用と特定居住用を併用する場合（完全併用）

特定事業用宅地等の面積の合計≦400㎡

かつ

特定居住用宅地等の面積の合計≦330㎡

② 特定事業用と特定居住用に貸付事業用を併用する場合（限定併用）
特定事業用宅地等の面積の合計×200/400
　　　　　　　＋特定居住用宅地等の面積の合計×200/330
　　　　　　　＋貸付事業用宅地等の面積の合計≦200㎡

最も有利に選択するには，土地の単価，減額割合，調整計算を比較することが必要です。

2　特定居住用宅地等と貸付事業用宅地等を選択する場合

(1) 特定居住用宅地等から限度面積要件を判定する場合

特定居住用宅地等の合計面積×200/330
　　　　　　　＋貸付事業用宅地等の合計面積≦200㎡

200㎡×200/330＋78㎡≦200㎡

1億円×80％＋3億円×78㎡/180㎡×50％＝1億4,500万円

(2) 貸付事業用宅地等から限度面積を判定する場合

貸付事業用宅地等の合計面積×330/200
　　　　　　　＋特定居住用宅地等の合計面積≦330㎡

180㎡×330/200＋33㎡≦330㎡

3億円×50％＋1億円×33㎡/200㎡×80％＝1億6,320万円

(3) 有利不利判定

(1)の減額金額は，1億4,500万円，(2)の減額金額は，1億6,320万円となりますので，減額割合は少なくても単価の高いアパートの土地から選択した方が有利となります。

詳細については20～21頁を参照してください。

特殊事情のあるもの

事例49 相続時精算課税贈与により取得した土地・建物

相続時精算課税

相続人である私（長男）は，5年前に被相続人の父から相続時精算課税による贈与により，父と私の住んでいる家屋とその敷地の全部を取得しました。

この度，父が亡くなり相続が発生しましたが，小規模宅地等の特例を受けることができますか。

なお，この家屋と敷地は，申告期限まで，引き続き自宅として居住しています。

このようなケースでは，相続人が当該家屋及び敷地を，申告期限まで自己の居住の用に供した場合であっても，その敷地は特定居住用宅地等として小規模宅地等の特例の適用を受けることはできません。

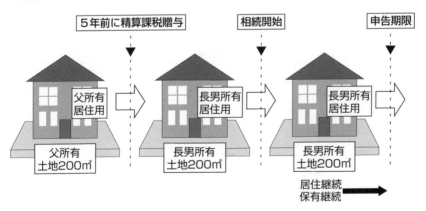

1 適用ができる宅地等について

小規模宅地等の特例は，個人が相続又は遺贈により取得した一定の宅地等に限りその適用があります。

2 相続時精算課税贈与により取得した宅地等について

個人が相続時精算課税贈与により取得した宅地等は，個人が相続又は遺贈により取得した宅地等には該当しません。したがって，その宅地等については小規模宅地等の特例の適用はありません。

特殊事情のあるもの

事例50 相続時精算課税贈与で取得した土地への適用

[相続時精算課税]

相続時精算課税贈与で取得した土地については，相続財産に持ち戻されるため，相続税の計算上，小規模宅地等の特例を適用できると思っていますが，そういった理解でよろしいのでしょうか。

相続時精算課税は，贈与者である被相続人の相続の際に，相続財産に相続時精算課税で贈与をした財産の価額を加算して相続税を計算します。このため，相続時精算課税で贈与を受けた土地の価額が相続税の課税価格を構成することになりますので，適用要件を満たしていれば小規模宅地等の特例の適用を受けられると思われがちですが，「贈与」で取得した土地については，小規模宅地等の特例の適用を受けることはできませんので注意が必要です。

　小規模宅地等の特例が適用される財産は，個人が相続又は遺贈により取得した財産に限られています。したがって，事例の場合は，贈与を受けた土地は相続又は遺贈により取得したものではありませんから，その贈与を受けた財産の価額が相続税法21条の規定により相続税の課税価格に加算されたとしても，その贈与を受けた財産については小規模宅地等の特例の適用はありません。これは，暦年課税贈与も同様で，暦年課税贈与により，相続開始日前3年以内に贈与を受けた財産については，相続税の課税価格に加算されたとしても，小規模宅地等の特例の適用はありません。

特殊事情のあるもの

事例 51　自宅兼事務所を共有で相続した場合

特定居住用宅地等　特定事業用宅地等　共有

被相続人である夫は，個人で建築業を営んでいました。

建築業は，4階建ての建物の1階部分を事務所として使っています。その建物の他の部分は自宅として家族四人で暮らしていました。その宅地は，配偶者である私と，建築業の後継者である長男及び二男が3分の1ずつ共有で相続することにしました。

このように利用が複数に分かれている宅地を共有で相続したときはどのように小規模宅地等の特例を適用したらよろしいでしょうか。

解説

小規模宅地等の特例は，利用状況と取得者を個々に判定して適用できるかどうかを判定します。事例のように，家族四人は全員同居していたため，2〜4階部分は特定居住用として適用できますが，1階に対応する部分は，後継者である長男のみが特定事業用に該当し適用することができます。

1　概　要

相続開始時における利用状況は下記の図のようになります。

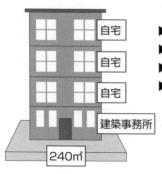

▶土地と建物の所有者は全て被相続人（夫）
▶自宅は家族四人で生活
▶土地面積は240㎡，建物の床面積は各階同じ
▶建物の区分所有登記はされていない

2 間違った考え方

　要件を満たす相続人がそれぞれ有利になるように宅地を取得したものと仮定して小規模宅地等の特例を適用する考え方は間違いです。

　　配偶者　240㎡×1/3＝80㎡
　　長　男　240㎡×1/3＝80㎡
　　二　男　240㎡×1/3＝80㎡

　共有により宅地等を取得すると各人の取得面積は上記のようになります。配偶者と二男は建築業の後継者ではありませんので，建築事務所に対応する敷地を取得しても特定事業用宅地の減額を適用することができません。そこで次頁のように小規模宅地等の特例を適用します。

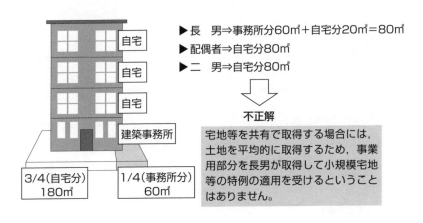

3 正しい考え方

　前述のように宅地等を共有で取得したときは宅地等を平均的に取得したものと考えます。すなわち，事務所部分に対応する宅地等も共有取得者である配偶者と二男も取得することになります。この場合，後継者ではない二人は特定事業用宅地等として小規模宅地等の特例を受けることはできません（自宅対応分のみが対象）。

	4階対応分	3階対応分	2階対応分	1階対応分
配偶者	○	○	○	×
長男	○	○	○	○
二男	○	○	○	×

　三人とも同居親族に該当するため，その他の要件を満たせば，2〜4階の自宅に対応する部分については，特定居住用宅地等に該当します。
　しかし，1階の事務所に対応する部分については，後継者である長男しか特定事業用宅地等の特例の適用を受けることができません。

【特定居住用宅地等】
　　配偶者→240㎡×1/3×3/4＝60㎡
　　長　男→240㎡×1/3×3/4＝60㎡
　　二　男→240㎡×1/3×3/4＝60㎡

【特定事業用宅地等】
　　長　男→240㎡×1/3×1/4＝20㎡

4　宅地等の利用が自宅のみの場合（参考）

　宅地等の敷地が400㎡あり，配偶者と同居親族である長男が2分の1ずつその宅地等を取得した場合の小規模宅地等の特例の適用について考えてみます。
　特定居住用宅地等の限度面積が330㎡であることから165㎡ずつ小規模宅地等の特例を適用しなければならないと思われるかもしれませんが，小規模宅地等の特例は，取得した宅地等の面積の中で，それぞれの相続人が合意した面積まで適用することができます。

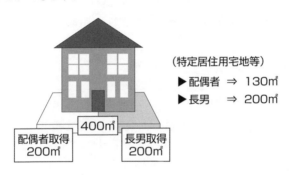

特殊事情のあるもの

事例52 遺留分減殺請求による適用宅地等の変更①

|特定居住用宅地等| |貸付事業用宅地等| |選択替え|

父に相続が発生し、私（長男）と弟が相続人となりました。私は父の遺産のうち、A宅地100㎡（特定居住用宅地等）及びB宅地200㎡（貸付事業用宅地等）を遺贈により取得し、B宅地について小規模宅地等の特例を適用して申告しました。

その後、弟から遺留分減殺請求がなされ、調停の結果、私はA宅地を取得し、弟がB宅地を取得することになりました。

小規模宅地等の特例の適用については、どうなるのでしょうか。

解説

この場合には、長男は更正の請求においてA宅地を、弟は修正申告においてB宅地について、それぞれ小規模宅地等の特例を適用することができると考えられます。

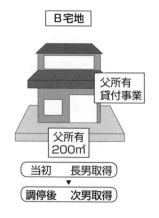

1 小規模宅地等の特例の適用について

　小規模宅地等の特例は，その特例の適用を受けるものとして選択をした宅地等について，適用を受けることができます。

2 選択替えの可否

(1) 原　　則

　小規模宅地等の特例は，当初申告で選択をした宅地等の適用について何らかの瑕疵がない場合には，その後，その宅地等の選択替えをすることはできないこととされています。

(2) 遺留分の減殺請求があった場合

　遺留分の減殺請求という相続固有の後発的事由に基づき，選択をする宅地等が変更となることについては，選択替えではないと考えられることから，修正申告等において添付書類等の要件を満たす限りにおいては，小規模宅地等の特例は適用できるものと考えられます。

特殊事情のあるもの

事例53 遺留分減殺請求による適用宅地等の変更②

|特定居住用宅地等| |貸付事業用宅地等| |選択替え|

被相続人である夫が私（配偶者）と長女に大半の財産を遺す旨の自筆証書遺言を生前に作成していました。もう一人の相続人として次女がいましたが，生前に仲たがいとなり，次女に遺すとした財産は，次女がその１室に住む賃貸用の不動産だけであり，次女の遺留分を侵害していました。当然次女は遺留分の侵害を訴えたため申告期限までに遺産分割がまとまらず，申告期限が迫っていたため，私と長女は，遺留分の減殺請求が出てくることを前提にとりあえず遺言書で相続税申告を行いました。この場合，小規模宅地等の特例を使うことはできますか。

相続人がもめていて，どの宅地で特例の適用をするか合意がとれない場合には，特例の適用はできません。遺言どおりに申告して，小規模宅地等の特例を適用しなかった場合，適用しないことを選択したことと同様になるため，その後に適用することはできません。この場合，とりあえず未分割で申告をしておき，遺留分減殺請求が解決し，取得財産額が確定したところで，更正の請求をする方法が考えられます。

❶ 分割かつ合意が必要

　小規模宅地等の特例の適用を受けるためには，特例の対象となる宅地等について遺産分割が行われることのほかに，特例の対象となる宅地を取得した人が複数いる場合には，どの対象地を選択適用するかについて，その全員による合

意が必要になります。

特例の適用を受けるためには，遺産分割が行われることが大前提です。特例対象地の取得者が複数いる場合は，当然として税金上有利となる宅地を選択する方が全体の相続税は下がりますが，遺産争いがあり，分割がまとまらない場合には，各人が有利となるような主張をしてくる可能性が考えられます。

2 選択の適用し直しは不可

一度，選択して小規模宅地等の特例の適用をして申告した対象地については，後から選択をし直して申告することはできません。また，選択をせずに小規模宅地等の特例を適用しないで申告をした後に，遺産分割が決まり特例の適用をしようとしても，当初の申告時に特例の適用をしないという選択をしたことになり，その場合も申告し直すことはできません。

本事例でいいますと，一度，遺言書どおりに申告をして，当初申告時には小規模宅地等の特例の適用は受けない場合，遺留分の減殺請求が決定した後の再分割の際には，小規模宅地等の特例を選択し直すことはできないのです。

3 特例の適用を見据えた遺言を

遺言書で遺産の行き先を決める場合，争いを避けるためには，相続人の遺留分を侵害しないことが望ましいかたちとなりますが，そのほかにも小規模宅地等の特例の適用を見据えて遺言書を作成するとよいでしょう。

それは，相続税が全体にとって一番有利となるように遺産の行き先を決めるとともに，特例の適用対象地が複数ある場合には，できれば「合意」も見据えて遺言書を作成できるとより望ましいでしょう。

特殊事情のあるもの

事例54　申告期限までに分割がまとまらない場合

未分割の宅地　更正の請求

相続人間が不仲であり，遺産分割の協議が整わず，申告期限までに分割が完了しなかった宅地等について小規模宅地等の特例の適用を受けることはできるでしょうか。

解説　小規模宅地等の特例の適用は法定申告期限までに分割がされている宅地等であることが条件となります。よって，分割がされていない宅地等については小規模宅地等の特例の適用の対象とはなりません。

1　小規模宅地等の特例の適用を受けたい場合

　法定申告期限までに行う相続税の申告において，その分割が行われていない宅地等について，小規模宅地等の特例の適用を受けることはできません。しかし，法定申告期限内に提出する相続税の申告書に，分割されていない理由，分割の見込みの詳細，適用を受けようとする特例等を記載した「申告期限後3年以内の分割見込書」を添付して提出しておき，相続税の申告期限から3年以内に分割された場合には，小規模宅地等の特例の適用を受けることができます。

　分割が行われたことにより，納付した税額が多かった場合には，分割が行われた日の翌日から4カ月以内に「更正の請求」を行うことにより，納めすぎた税金について還付を受けることができます。また，納付した税額が少なかった場合には，修正申告書を提出することになります。この場合の納付すべき税額については，法定申告期限の翌日から修正申告書の提出があった日までの期間は，延滞税の計算の基礎となる期間に算入しません。

2 申告期限後3年以内に分割ができない場合

　法定申告期限の翌日から3年を経過する日においても分割ができない場合には,「遺産が未分割であることについてやむを得ない事由がある旨の承認申請書」を申告期限後3年を経過する日の翌日から2カ月以内に,当初,相続税の申告書を提出した所轄税務署長に提出する必要があります。その申請につき所轄税務署長の承認を受けた場合には,分割が行われた日の翌日から4カ月以内に「更正の請求」を行うことにより,小規模宅地等の特例の適用を受けることができます。

特定居住用宅地等（自宅の土地）

事例 55　海外に所在する宅地等への適用

国外財産

アメリカに所在する不動産を保有していますが，小規模宅地等の特例はどのように取り扱われますか。
また，不動産はどのように評価しますか。

解説　小規模宅地等の特例の適用については，宅地等の所在地について特に限定していません。
　そのため，外国に所在する宅地等であっても，適用要件を満たしている場合には，特例の適用を受けることは可能と考えられます。

　国外財産も原則は，国内財産と同様に財産評価基本通達に定める方法により評価します。しかし，統一された評価基準に基づく評価は不可能であるため，相続税法22条の評価の原則に戻って当該財産の相続時の時価により評価することになります。

　時価とは，課税時期において，財産の状況に応じ，不特定多数の当事者間で自由な取引が行われる場合に通常成立すると認められる価額をいいます。

　時価を算出する方法は，売買実例による価額，精通者による意見価格等を斟酌して評価します。具体的には，現地の専門家による不動産鑑定，近隣不動産の売買実例価額や精通者意見価格等から勘案して価額を算定します。

　評価するうえで参考となる資料の入手が難しい場合は，課税上弊害のない限り，その財産の取得価額及び課税時期後の譲渡価額を基として，価格動向等を織り込んで評価額を算出することも可能です。

第3章
判例・裁決例の検討

判例・裁決例の検討①
居住の用に供されている宅地の意義

　相続人は，小城市にある宅地と，佐賀市にあるマンションのそれぞれが被相続人の居住用の宅地であったとして，小規模宅地等の特例の適用のある旨の申告をしました。しかし，佐賀税務署長は，小規模宅地等の特例は，主として居住の用に供されていた宅地等に限られるとして，小城市の宅地のみに適用があるものとして，更正処分と過少申告加算税の賦課決定処分を行いました。これについて相続人は異議申立てさらには国税不服審判所に審査請求をしましたが，ともに棄却されたため佐賀地方裁判所に訴訟を提起することにしました。結果として，佐賀地裁では相続人が勝ち，福岡高裁では相続人が逆転負け，最高裁で相続人がさらに逆転勝ちとなりました。

解説

1　申告までの経緯

　被相続人は，当初小城市の自宅に住んでおり，そこで呉服の販売等の事業を行っていました。呉服の仕入れのため，京都・大阪・福岡に出張することの多い生活を送っていました。

　平成13年1月22日，被相続人は大腸癌の手術を受けましたが，退院後も仕入れや営業，また個人的な付き合いや買い物で佐賀市内へ行っていました。また，被相続人は車の運転ができなかったため，福岡に仕入れに行く際は，妻に佐賀駅まで送ってもらっていました。

　平成13年4月20日，その妻が突然倒れ，同月24日に亡くなりました。被相続人はその後仕事を再開しましたが，妻亡き後は，佐賀市内に営業や買い物に行くのが不便だと感じ，佐賀市内にも生活の拠点を持ちたいと考えるようになりました。

平成13年6月23日，被相続人は佐賀にマンションを購入し，家具や電化製品など生活に必要なものを揃え，ガスの使用も開始して生活できる環境を整えました。

平成13年11月5日から20日まで，定期的に検査を受けていた病院で癌細胞の転移が見つかったために入院しましたが，退院後の11月24日には，相続人とその息子とともに，初めてこのマンションに宿泊しました。

平成13年11月以降，平成14年3月22日までに入院するまでは，週1回程度佐賀市内を訪れ，友人に会ったり，顧客に挨拶に赴いたり，その間少なくとも5回は宿泊していました。また，佐賀市内にある書道講座やパッチワーク講座にも受講を申し込み，それを楽しみにしていました。

平成14年4月8日，再び癌の手術を受け，小城市の自宅で療養するも，めまいや吐き気のため5月10日に再び入院してしまいました。退院後は，佐賀のマンションに3回ほど行っており，小城市の自宅での療養や，入退院を経た後，平成14年11月16日に死亡しました。

2 争　点

① 被相続人の居住の用に供されていた宅地は，主として居住の用に供されていた一の宅地等に限られるのか。

② 佐賀のマンションは，居住の用に供されていた宅地に該当するのか。

3 相続人の主張

(1) ①について

所得税の居住用財産の譲渡の特例における「居住の用に供している家屋」という文言については施行令において，「その者がその居住の用に供している家屋を二以上有しているときは，その者が主として居住の用に供していると認められる一の家屋に限る」という内容の規定があるが，小規模宅地等の特例には，このような規定がなく，「居住の用に供する」の意味は，単に生活の拠点に利用することを意味しており，複数認められうるものであります。

(2) ②について

　佐賀市のマンションは，その構造や設備において居住に適しており，入居目的も仕事上・生活上という日常生活における利用を目的としており，一時的な目的で入居したものでも別荘でもありません。病気のため利用が短期間だったとはいえ，現に利用しており，居住の用に供されていたものといえます。

4　税務署の主張

(1) ①について

　個別通達における「主として」という文言は，小規模宅地等の特例の法制化において削除されているが，個別通達時の解釈は，引き続き妥当であると解すべきであることからあくまでも被相続人が主として居住の用に供していた宅地等の1個のみに限られるものとするのが相当であります。

(2) ②について

　佐賀市のマンションはごくわずかな日数しか利用していないこと，マンションの水道光熱費は，単身居住者すら生活しているとは認められないほどにごく少量であることから，生活の拠点とは到底いえません。

　また，マンションは，93.91㎡の4LDKであることや，購入した電化製品には世帯使用のものが含まれていたが，目的どおりに利用されておらず，意思が失われていたことが合理的に推測できます。

5　最高裁の判決

　小城市の自宅では，自動車を運転できなかったり，福岡へ仕入れに行ったり，佐賀市内に営業に行ったりするには不便であったことから，これを改善するために佐賀市内にマンションを購入しています。現に被相続人は，手術の際には，少なくとも週に1回程度はマンションに立ち寄り，時には宿泊をしておりました。また日常生活に必要な電化設備も備えられておりました。このことから，単に娯楽や一時的な利用ではなく，生活の改善を目的に小城の自宅と佐賀のマンション双方を利用するという，一つの生活スタイルであることが認められま

す。

　したがって，マンションは居住の用に供されていた宅地にあたるものであり，限度面積内であるため，小城の自宅と佐賀のマンションの両方に特例の適用があるものというべきです。

6　平成22年度税制改正

　上記のように，被相続人の居住の用に供されていた宅地等については，複数ある場合には，複数認められるという判決がでましたが，平成22年度税制改正により，被相続人の居住の用に供されていた宅地等が二以上あるときは，主として居住の用に供していた一の宅地等に限定されることとなりました。

判例・裁決例の検討 ②

生計一親族の居住用宅地等として申告をしたが認められなかった事例

　相続人は，被相続人と生計を一にする親族としてその相続により取得した宅地につき，小規模宅地等の特例を適用し，相続税の申告をしていました。しかし，税務署から生計を一にする親族ではないと指摘され，小規模宅地等の特例が取り消されました。相続人は，これを不服として国税不服審判所に，この税務署の処分の取消しを求めて審査請求を行いました。

解説

1 申告までの経緯

　相続人は，AさんとBさんの二人です。被相続人の保有していた宅地の取得状況は下記のとおりです。

	所在	相続前居住者	取得者
土地①	P市P町1番	A	A
土地②	P市P町2番	被相続人	B

→ 生計一親族の居住用宅地として小規模宅地等の特例の適用があるか？（土地①について）

　昭和61年6月3日，被相続人は，P市長に対し，住所をP市P町2番とする届出を提出し，相続が開始するまで変更はしていませんでした。

　昭和62年5月31日，相続人Aさんは，被相続人が保有する本件宅地上に家屋を新築し，同年6月，所有権保存の登記を行いました。

　平成9年6月30日に，AさんはP市長に対し，住所地をP市P町1番とし，世帯主をAさんとする届出を提出し，届出をした日から審査請求日まで引き続き居住していました。なお，Aさんの住民票には，Aさんの配偶者が昭和62年6月7日P市P町2番から転居した記載がありました。

2 争　　点

Aさんは，生計一親族に該当するか。

3 相続人の主張

① 生計とは，「暮らし」「生活」を意味し，生計が一であることは，費用を負担しあうことだけではないといえます。被相続人は死亡する3年前に○○病院で入院し，その後一度も被相続人の居宅に帰ることなく死亡しました。被相続人は病院のベッドで寝たきりであり，自分の預金を引き出すことも病院の支払もできず，独立して暮らせませんでした。

② ①のため，Aさんが被相続人のキャッシュカードを保管し，被相続人の口座から出金した現金を請求人の生活費と合算して管理し，Aさんと被相続人の生活にかかるすべての入出金をAさんが決定しました。そして入院代も合算した生活費から支払っていました。

③ Aさんは，被相続人の入院中，毎日のように植木の面倒，郵便物の確認等，被相続人居宅の管理を行っており，生活は一体でした。

以上のことから生計一親族として，小規模宅地等の特例が適用できる，と主張しました。

4 税務署の主張

① 小規模宅地等の特例における，生計を一にしていたとは，日常生活の資を共通にしていることと解され，またこれについては社会通念により判断するべきでありますが，Aさんは被相続人と同居しておらず，また，Aさんと被相続人との間で日常生活のために費用を負担しあう状況にはなかったと認められ，両者が日常生活の資を共通していたとは認められません。

② 仮にAさんが被相続人の財産の管理をしていたとしても日常生活の資を共通していることとは直接的な関係はありません。

以上のことから生計一親族とは認められず，小規模宅地等の特例は適用できない，と主張しました。

5 国税不服審判所の判断

小規模宅地等の特例における生計を一にしていたとは，同一の生活単位に属し，相助けて共同の生活を営み，ないしは日常の生活の資を共通にしている場合をいい，生計とは，暮らしをたてるための手立てであって，通常日常生活の経済的側面をさすものと考えます。したがって，被相続人と同居をしている親族は，あきらかにお互いに独立して生活をしていると認められる場合を除き，一般に生計を一にしていたと推認できるが，別居していた親族が生計を一にしていたとするためには，その親族が被相続人と日常生活の資を共通にしていたことを必要として，その判断は社会通念にてらして個々に行いますが，少なくとも居住費，食費，光熱費その他の日常の費用の全部又は主要な部分を共通にしていた関係にあることが必要と考えられます。

また，本件相続における被相続人の入院費は，同人名義の通帳から出金されたお金で支払われたと推認でき，また，被相続人居宅に係るガス料金等も，同人名義の口座から引き落としされており，日常生活の主要な部分の全部又は一部を共通にしていたとはいえません。

上記のことなどから，Aさんは日常生活の全部又は主要な部分を共通にしているとはいえないことから生計一の親族とはいえないと判断されました。

判例・裁決例の検討③
相続開始直前の居住の用の意義

　被相続人は，病院に入院し，退院後は，相続人である長女の自宅に居住しており，住民票も長女の自宅に移っていました。相続人である長男は，被相続人が，入院前に住んでいた自宅を相続し，こちらの自宅で小規模宅地等の特例の適用を受けていましたが，相続開始直前における被相続人の居住の用に供されていた宅地等は，長女の自宅であるとして，税務署から更正処分を受けました。これを不服として，国税不服審判所に審査請求を行いました。

解　説

１　申告までの経緯

　被相続人は，平成10年７月18日に入院し，平成10年８月７日に病院を退院しました。被相続人は，平成10年８月７日に元の自宅から，長女夫妻の自宅に引越しをしました。

　被相続人の住所は，転居日において，住民票上，長男と同居していた元の自宅から，長女夫妻の自宅へ移しました。変更後は，平成10年から長女の夫の扶養家族になっている旨の社会保険の届出をしていることや，平成10年分，平成11年分の所得税の確定申告において，長女の夫の扶養親族及び同居老親等に該当すること，病院の職員や長女の話では，被相続人の転居は長女が希望したのではなく，長男夫婦の希望を長女が聞き入れたものと認められ，長女宅への転居は一時的なものであるとは認められませんでした。

　また，被相続人は，長女の夫の扶養を受けていたことから，長男とは生計一の親族であることも認められません。

　このような状況の中，元の自宅を取得した長男は，元の自宅を被相続人の居住用宅地として小規模宅地等の特例の申告を行いました。

2 争　点

元の自宅が，被相続人の相続開始直前における居住用宅地に該当するかどうか。

3 長男の主張

被相続人は，平成10年8月7日に引越しをしたが，以下の理由により，相続開始時まで被相続人の生活の本拠は元の自宅にあり，小規模宅地等の特例が適用できると考えます。

被相続人は，大正14年4月1日から平成10年8月7日の引越しまでの約70年以上，元の自宅に居住していました。この引越しは，相続問題も絡み，長女が強引に連れ出し，被相続人が自発的に長女の自宅に行ったものではありません。引越し後も，被相続人の衣類備品等の生活必需品が残されており，仏壇を拝むため，再三元の自宅を訪れていました。

また，被相続人の葬儀は，長男が喪主であり，元の自宅にて葬儀が行われました。被相続人は長年こちらの自宅に居住しており，長男及びその妻子と同居しており，現在も長男たちが居住しています。

この自宅は被相続人の唯一の財産であり，長男及びその家族が現在も居住していることから生活の基盤となっています。生活基盤の確保という制度の趣旨からも元の自宅において小規模宅地等の特例が認められると考えられます。

4 国税不服審判所の判断

調査の結果次の事実が認められます。

(1) **長男への聴き取り**

　・被相続人の貯金通帳及び印鑑は，相続開始時において，長女の自宅にありました。

　・引越しの後は，長女夫妻から，被相続人の生活費の支払を請求されたことはありません。

・所得税の申告において，長男の扶養親族としなかったのは，被相続人には10年くらい前まで，家賃収入があり，確定申告をしていて，そのままになっていたためです。
・国民健康保険については，被相続人を長男が扶養家族としていたが，長女の夫の希望により長女の夫の扶養家族となりました。

(2) 長女への聴き取り
・病院入院中における被相続人との話し合いで，退院後は，長女の自宅で生活をした方がいいとの意思を示していました。
・退院後の住居について，長男と直接話したことはありませんが，病院の職員を通じて，長女の自宅へ引っ越すことについて，長男が了解をしているものと思っていました。
・長女の自宅へ被相続人がくることから，布団は夏用・冬用ともに長女宅へ運んできました。
・被相続人の生活費は，被相続人の年金から一部負担をしてもらっておりました。
・長女の夫の国民健康保険に入れるため，被相続人の住民票上の住所を変更させるとともに，社会保険事務所を通じて長男の同意を得ています。

(3) 病院の職員への聴き取り
・平成10年7月23日に主治医から，嫁姑の折り合いが悪く，長男の妻が退院後は，被相続人を引き取れないと言っており，今後のことを含めて聞いてほしいとの指示を受けました。
・長女夫妻は，平成10年7月24日に主治医に対して，また，同年7月28日に病院職員に対して，被相続人を引き取るとの申し入れをしました。
・平成10年7月29日に長男夫婦と話し合い，長女夫婦の意向を伝えたところ，長女宅で引き取ってほしい，との話があり，今後は長女夫婦をキーパーソンに退院の話を進めてほしい，と申し入れがありました。

(4) 国税不服審判所の判断

「相続開始の直前」とは，相続開始時点のすぐ前を意味し，実質的には，相続開始時と考えるのが相当です。

上記の聴き取りから，①長男夫婦は，被相続人を長女夫婦に引き取ってほしいと考えていたこと，②被相続人は，退院後から死亡する日まで，長女宅で日常生活を送っていたこと，③被相続人の住民票の住所が長女の自宅に移転していること，④引越し後は，国民健康保険や所得税の申告において，長女の夫の扶養家族となっていることなどから，総合的に判断して，退院後は，被相続人の生活の本拠は，長女宅に移っていると認めるのが相当です。

また，被相続人が長女宅に強制的に転居させられた事実については，調査してもこれを裏付ける事実が発見されませんでした。

その他，生計一親族の居住用宅地である可能性もありますが，この制度における生計を一にするとは，同一の生活単位に属し，相助けて共同の生活を営み，ないしは，日常生活の資を共通にしている場合をいうと考えられることから，本事例の場合には，元の自宅が生計一親族の居住の用に供されている宅地であるともいえません。

したがって，長男の主張は理由がなく，元の自宅において，小規模宅地等の特例の適用はありません。

判例・裁決例の検討 ④
賃貸用の青空駐車場への適用の可否

　平成13年に死亡したAさんの相続税の申告にあたり，相続人Bさんは，駐車場として賃貸していた青空駐車場について，貸付事業用として小規模宅地等の特例を適用して申告をしました。しかし，税務署からは，アスファルトやフェンスが構築物として認識できる程度のものでないこと等の理由により，小規模宅地等の特例の適用はないものとして，更正処分を受けることとなりましたが，これを不服として，国税不服審判所に審査請求を行うこととなりました。

解説

１　申告までの経緯

　本事例で小規模宅地等の特例を適用した土地については，以下の状況がありました。

・被相続人にかかる平成13年分の所得税の確定申告書に添付して提出された不動産所得用の収支内訳書には，減価償却資産として，駐車場整地工事，通路舗装，フェンス等の記載がされていました。
・これらの工事等は，平成５年８月１日に行われました。
・これらの工事等は，相続税の申告書に構築物637,246円と記載されておりました。
・駐車場の路面は，相続の約８年前に施工した駐車場整地工事の際に，砂利を敷いたと推定され，相続開始時点において砂利の量が少なく，石敷路面と認められる状況にはありませんでした。
・フェンスは簡易なもので，容易に撤去できるものでした。
・入口付近のアスファルト舗装は，簡易であり狭小でありました。

・こちらの土地は，上記の状況のとおり，容易に宅地の用に供することが可能でした。

2 争　　点

アスファルトやフェンスが，事業性を認識しうる程度の資本投下がされたある程度堅固な施設である建物又は構築物に該当するか。

3 相続人の主張

この土地には，砂利を敷き，フェンス等の構築物を設置して駐車場として貸し付けていることから貸付事業用宅地等として小規模宅地等の特例の適用があります。

4 税務署の主張

上記の構築物等は，いずれも構築物として認識できる程度のものでなく，容易に撤去できる程度のものであることからすると，この土地は構築物の敷地の用に供されていた宅地等とは認められないため，小規模宅地等の特例の適用はありません。

5 国税不服審判所の判断

この土地は，被相続人Aさんと相続人Bさんがそれぞれ2分の1ずつ共有で保有していた土地を青空駐車場として賃貸しておりました。土地の通路の一部にアスファルト舗装がされ駐車スペースには砂利が敷設されておりましたが，アスファルト舗装の面積は，土地の面積の約8％程度であります。また，フェンスは金属製のパイプを組み合わせただけのものでした。貸付事業用宅地等は，その宅地が被相続人等の事業の用に供されていたものであり，かつ，建物又は構築物の敷地の用に供されていることが要件となります。

この特例の適用については，その宅地等が事業性を認識しうる程度の資本投下がされたある程度堅固な施設である建物又は構築物の敷地として利用されて

いることが必要であり，その施設を利用した事業が行われていることが必要であると考えられます。

したがって，構築物といっても物的施設に乏しく，撤去や除去が容易な場合や，除去を要しない場合には，処分面の制約への配慮の必要性は非常に少ないといえるため，そのような宅地等にまで小規模宅地等の特例の適用を認めることは相当ではないと考えられます。

これらを踏まえてこの土地をみると，この土地は青空駐車場であり，アスファルト舗装や金属製パイプを組み合わせたフェンスや看板があるものの，建造物があるわけでなく，またアスファルト舗装も全体の8％程度であること，また金属性パイプや看板は構造が簡易であることから撤去は容易にできる程度のものであること，平成5年の駐車場施設を整備する際は，整地と砂利を敷いていることが認められるものの，相続開始時点においては，砂利は土地に埋没し土地の一部となっていることが認められます。

以上のことから相続人の主張する貸付事業用として小規模宅地等の特例を適用できないものとします。

判例・裁決例の検討 5

相続人の選択同意について

　原告である相続人は，遺言により取得した土地について，被相続人と生計を一にしていた原告の事業の用に供されていた宅地等であるとして，「小規模宅地等についての相続税の課税価格の計算の特例」を適用して相続税の申告をしました。しかし，小石川税務署長は，当該申告書には特例対象宅地等を取得した相続人全員の選択同意書が添付されておらず当該特例の適用は認められないとして更正処分等をしました。

　これに対して原告は，更正処分等の取り消しを求め東京地方裁判所に訴えの提起を行いました。

解説

1 申告までの経緯

　平成22年2月27日，原告の母である被相続人が死亡しました。

　この相続に関する相続人は長女A，二女B，三女C及び原告である長男の4人であり，被相続人の相続財産の中にはX土地の共有持分（以下，「X土地」という）・X建物の共有持分（以下，「X建物」という）及びY土地の共有持分（以下，「Y土地」という）・Y建物が含まれていました。

　X建物は相続開始直前において，被相続人と生計を一にする原告が経営する診療所として利用されており，X土地は診療所の敷地及び診療所の来客用の駐車場として事業の用に供されていました。

　一方，Y建物は相続開始直前において賃貸用不動産として利用されており，Y土地は賃貸用不動産の敷地及び入居者の駐車場として貸付事業の用に供されていました。

　被相続人は，平成19年1月14日にX土地及びX建物を全て原告に相続させる

旨の遺言書（この遺言書に対して長女Aが遺言無効確認等請求訴訟を提起しています）を作成しており、原告はこの遺言に従ってX土地及びX建物を取得しています。

なお、X建物及びX土地以外の被相続人の遺産については、Y土地及びY建物も含めて相続税の申告期限までに分割されていません。

原告は、X土地について「小規模宅地等についての相続税の課税価格の計算の特例」を適用した上で相続税の申告書を作成し申告期限前に提出しましたが、この申告書にはX土地に関して本件特例を適用することについての相続人全員の選択同意書が添付されていませんでした。

小石川税務署長は、この申告書の提出を受けて平成25年7月9日付でX土地について本件特例は適用できないとして、原告に対し更正及び過少申告加算税の賦課決定を行いました。

この決定を受け原告は、平成25年9月9日に当該決定処分について不服があるとして、小石川税務署長に対し異議申立てを、平成26年1月8日には国税不服審判所長に対して審査請求を行い、平成27年2月6日には東京地方裁判所に対して当該処分の取り消しを求める訴えを提起しました。

2 争　点

X土地に対して本件特例を適用する場合、未分割財産であるY土地（特例対象宅地等）の共同相続人全員の選択同意書を相続税の申告書に添付する必要があるか否か。

3 相続人の主張

租税特別措置法69条の4第1項に規定する「取得した財産」とは、相続税の申告期限までに確定的に取得した財産を指すものであり未分割財産は含まれません。これを確認的に規定したのが租税特別措置法69条の4第4項本文です。

そもそも遺言は、その有効性について争いとなる事が少なくありませんので、遺言対象である特例対象宅地等について、相続税の申告期限までに相続人全員

から選択同意書を取得することは事実上困難な場合が多いといえます。これは遺言対象の特例対象宅地等について，相続税の申告時点において本件特例の適用を排除するに近い結果を招きます。

　この結果は，事業等を継続するために遺言まで残した被相続人の意思にそぐわない結果となりますし，遺言対象の特例対象宅地等を，そうではない特例対象宅地等と比べて不当に不利益に扱うものです。

　したがって，租税特別措置法69条の4第4項は上述のように確認的規定と見ることが合理的です。

　上記より本件においては，特例対象宅地等となるのは未分割財産を除いたX土地のみで，そのX土地は原告が単独で取得したものなので，本件特例を適用するにあたっては他の相続人の選択同意書の提出は不要（平成22年政令第58号による改正前の租税特別措置法施行令40条の2第3項第3号ただし書き（以下同じ））となりますので，税務署長が行った更正処分等は違法です。

4　税務署の主張

　相続税の課税価格の計算上，相続又は遺贈により取得した財産の中に未分割財産が含まれることは相続税法55条の規定からも明らかです。租税特別措置法69条の4第1項は相続税の課税価格を算出する際の特例ですので，相続税の課税価格の計算と同様に「取得した財産」に未分割財産を含みます。なお，租税特別措置法69条の4第4項は，本件特例の適用を受けようとする特例対象宅地等について，分割を要するという本件特例の適用要件の一つを規定したものであり，「取得した財産」に未分割財産を含めないことを確認的に規定したものではありません。

　また，租税特別措置法施行令40条の2第3項は，特例対象宅地等のうち当該特例の適用を受ける宅地等を選択するにあたって，特例対象宅地等の全てを相続人1人のみが取得した場合を除き，特例対象宅地等を取得した相続人全員の選択同意書を添付する必要がある旨を規定しています。

　本件においては，X土地及びY土地は共に同条第1項に規定する特例対象宅

地等に該当します。また，Y土地は相続税の申告期限において未分割財産であり，民法の規定により相続人全員の共有に属することとなります。

したがって，本件は租税特別措置法施行令40条の2第3項ただし書きに規定される「特例対象宅地等の全てを取得した個人が1人である場合」には該当せず，X土地に本件特例を適用する場合も，Y土地に当該特例を適用する場合も相続人全員の選択同意書の添付が必要となりますが，本件申告書には相続人全員の選択同意書が添付されたとは認められませんので，本件特例の適用要件を欠くことは明らかであり本件特例を適用することはできません。

さらに原告以外の相続人がX土地について本件特例を適用することの同意があったことを証明する書類は何も残っておらず，少なくとも相続人AはこのX土地について本件特例を適用する同意をしていなかったと認められます，この点からも本件特例を適用することはできません。

5 裁判所の判断

相続税の計算は，被相続人に関する相続人等全員の相続税の課税価格に相当する金額の合計額を基に行うものであり，この課税価格の計算の基礎となる「相続又は遺贈により取得した財産」には未分割財産が含まれるものと考えるべきです。

本件特例は，この相続税の課税価格を計算する際の特例として定められたものなので，本件特例における「相続又は遺贈により取得した財産」についても，未分割財産が含まれるものと考えるべきです。

また，相続税の課税価格を確定するためには，被相続人に関する相続人等の課税価格が，相続人等間において同額で確定していなければなりません。

本件特例の適用についても，相続人等が特例対象宅地等のうち異なる宅地に，本件特例を適用することで，相続人等の課税価格が異なる金額となり相続税の課税価格を確定することが出来ない結果にならないよう，全ての相続人等が本件特例を適用する特例対象宅地等が，同一のものになることを前提としていると理解できます。

本件において，X土地及びY土地は共に特例対象宅地等に該当すると考えられます。

　さらにY土地については相続税の申告期限においても未分割であり，被相続人に係る相続人であるA，B，C及び原告4人の共有に属していたこととなりますので，Y土地を取得したのは相続人全員ということになります。したがって，本件特例の適用を受けるには相続人全員の選択同意書を相続税の申告書に添付しなければなりませんが，原告は本件申告において申告書に相続人全員の選択同意書を添付していませんので，X土地について本件特例の適用を受けることはできません。

　＜参考＞

　本件は，平成27年2月6日に東京地方裁判所に対して，更正処分等の取消を求める訴えがされたものの，平成28年7月22日に棄却，その後，東京高等裁判所へ控訴されましたが，平成29年1月26日に再び棄却され，判決が確定しています。

付録

重要法令・通達のポイント解説

小規模宅地等特例の適用は，当然ですが法律条文に基づいて行われます。本制度をより深く理解するために，関連法令・通達についても一度目を通しておくことをお勧めします。

　ここでは，重要と思われる法令・通達条文をピックアップしました。読み解きにくいところやキーワードに適宜解説を付していますので，参考としながら読み進めてください。

租税特別措置法

第69条の4　個人が相続又は遺贈により取得した財産のうちに，当該相続の開始の直前において，当該相続若しくは遺贈に係る被相続人又は当該被相続人と生計を一にしていた当該被相続人の<u>親族</u>①（第3項において「被相続人等」という。）の事業（事業に準ずるものとして政令で定めるものを含む。同項において同じ。）の用又は居住の用（居住の用に供することができない事由として政令で定める事由により相続の開始の直前において当該被相続人の居住の用に供されていなかつた場合（政令で定める用途に供されている場合を除く。）における当該事由により居住の用に供されなくなる直前の当該被相続人の居住の用を含む。同項第2号において同じ。）に供されていた宅地等（土地又は土地の上に存する権利をいう。同項及び次条第5項において同じ。）で財務省令で定める<u>建物又は構築物の敷地の用</u>②に供されているもののうち政令で定めるもの（特定事業用宅地等，特定居住用宅地等，特定同族会社事業用宅地等及び貸付事業用宅地等に限る。以下この条において「特例対象宅地等」という。）がある場合には，当該相続又は遺贈により財産を取得した者に係る全ての特例対象宅地等のうち，当該個人が取

① 法定相続人だけでなく，遺言により取得した孫等も対象。

② 更地の駐車場は対象外

得をした特例対象宅地等又はその一部でこの項の規定の適用を受けるものとして政令で定めるところにより選択をしたもの（以下この項及び次項において「選択特例対象宅地等」という。）については，限度面積要件を満たす場合の当該選択特例対象宅地等（以下この項において「小規模宅地等」という。）に限り，相続税法第11条の2に規定する相続税の課税価格に算入すべき価額は，当該小規模宅地等の価額に次の各号に掲げる小規模宅地等の区分に応じ当該各号に定める割合を乗じて計算した金額とする。

一　特定事業用宅地等である小規模宅地等，特定居住用宅地等である小規模宅地等及び特定同族会社事業用宅地等である小規模宅地等　百分の二十

二　貸付事業用宅地等である小規模宅地等　百分の五十

…
…

3　この条において，次の各号に掲げる用語の意義は，当該各号に定めるところによる。

…
…

③二　特定居住用宅地等　被相続人等の居住の用に供されていた宅地等（当該宅地等が二以上ある場合には，政令で定める宅地等に限る。）で，④<u>当該被相続人の配偶者</u>又は次に掲げる要件のいずれかを満たす当該被相続人の親族（当該被相続人の配偶者を除く。以下この号において同じ。）が相続又は遺贈により取得したもの（政令で定める部分に限る。）をいう。

⑤<u>イ</u>　当該親族が相続開始の直前において当該宅地等の

③
実務家の中には特定居住用宅地等を条文中の「イ」「ロ」「ハ」で使い分けている方もいます。
④
配偶者は下記の要件は不要。つまり相続すれば居住継続要件なし。
⑤
同居親族。

付録　重要法令・通達のポイント解説

上に存する当該被相続人の居住の用に供されていた一棟の建物（当該被相続人，当該被相続人の配偶者又は当該親族の居住の用に供されていた部分として政令で定める部分に限る。）に居住していた者であつて，相続開始時から申告期限まで引き続き当該宅地等を有し，かつ，当該建物に居住していること。⑥

ロ　当該親族⑦（当該被相続人の居住の用に供されていた宅地等を取得した者であつて財務省令で定めるものに限る。）が次に掲げる要件の全てを満たすこと<u>（当該被相続人の配偶者又は相続開始の直前において当該被相続人の居住の用に供されていた家屋に居住していた親族で政令で定める者がいない場合に限る。）</u>⑧。

　(1)　相続開始前3年以内に相続税法の<u>施行地内</u>⑨にある当該親族，当該親族の配偶者，当該親族の三親等内の親族又は当該親族と特別の関係がある法人として政令で定める法人が所有する家屋（相続開始の直前において当該被相続人の居住の用に供されていた家屋を除く。）に居住したことがないこと。

　(2)　当該被相続人の相続開始時に当該親族が居住している家屋を相続開始前のいずれの時においても所有していたことがないこと。

　(3)　<u>相続開始時から申告期限まで引き続き当該宅地等を有していること。</u>⑩

ハ　当該親族が当該被相続人と生計を一にしていた者⑪であつて，相続開始時から申告期限まで引き続き当該宅地等を有し，かつ，相続開始前から申告期限ま⑫

左注記：

⑥所有及び居住継続が要件。

⑦3年内家なき子。

⑧二次相続において被相続人が1人暮らしをしている。

⑨日本国内。

⑩保有要件のみ。居住要件はない。

⑪生計一親族。

⑫所有及び居住継続が要件。

で引き続き当該宅地等を自己の居住の用に供していること。

…

…

四　貸付事業用宅地等　被相続人等の事業（不動産貸付業その他政令で定めるものに限る。以下この号において「貸付事業」という。）の用に供されていた宅地等で，次に掲げる要件のいずれかを満たす当該被相続人の親族が相続又は遺贈により取得したもの（特定同族会社事業用宅地等及び相続開始前3年以内に新たに貸付事業の用に供された宅地等（相続開始の日まで3年を超えて引き続き政令で定める貸付事業を行つていた被相続人等の当該貸付事業の用に供されたものを除く。）を除き，政令で定める部分に限る。）をいう。

イ　⑬当該親族が，相続開始時から申告期限までの間に当該宅地等に係る被相続人の貸付事業を引き継ぎ，申告期限まで引き続き当該宅地等を⑭有し，かつ，当該貸付事業の用に供していること。

ロ　⑮当該被相続人の親族が当該被相続人と生計を一にしていた者であつて，相続開始時から申告期限まで引き続き当該宅地等を有し，かつ，相続開始前から⑯申告期限まで引き続き当該宅地等を自己の貸付事業の用に供していること。

⑬ 被相続人の貸付事業用。

⑭ 所有及び事業継続要件。

⑮ 生計一親族の貸付事業用。

⑯ 所有及び事業継続要件。

4　第1項の規定は，同項の相続又は遺贈に係る相続税法第27条の規定による申告書の⑰提出期限（以下この項において「申告期限」という。）までに共同相続人又は包括受遺者によつて分割されていない特例対象宅地等につい

⑰ 申告期限までに分割の必要有。

ては，適用しない。ただし，その分割されていない特例対象宅地等が申告期限から３年以内（当該期間が経過するまでの間に当該特例対象宅地等が分割されなかつたことにつき，当該相続又は遺贈に関し訴えの提起がされたことその他の政令で定めるやむを得ない事情がある場合において，政令で定めるところにより納税地の所轄税務署長の承認を受けたときは，当該特例対象宅地等の分割ができることとなつた日として政令で定める日の翌日から４月以内）に分割された場合（当該相続又は遺贈により財産を取得した者が次条第１項の規定の適用を受けている場合を除く。）には，その分割された当該特例対象宅地等については，この限りでない。

…

…

6　第１項の規定は，同項の規定の適用を受けようとする者の当該相続又は遺贈に係る相続税法第27条又は第29条の規定による申告書（これらの申告書に係る<u>期限後申告書</u>⑱及びこれらの申告書に係る修正申告書を含む。次項において「相続税の申告書」という。）に第１項の規定の適用を受けようとする旨を記載し，同項の規定による計算に関する明細書その他の財務省令で定める書類の添付がある場合に限り，適用する。

⑱
期限後申告であっても期限内に分割が済んでいれば適用可能。

租税特別措置法施行令

第40条の２　法第69条の４第１項に規定する事業に準ずるものとして政令で定めるものは，事業と称するに至らない不動産の貸付けその他これに類する行為で<u>相当の対価を得て継続的に行うもの</u>⑲（第６項及び第16項において

「準事業」という。）とする。

…

…

8 法第69条の４第３項第２号に規定する政令で定める宅地等は，次の各号に掲げる場合の区分に応じ当該各号に定める宅地等とする。

一 被相続人の居住の用に供されていた宅地等が二以上ある場合（第３号に掲げる場合を除く。）　当該被相続人が主としてその居住の用に供していた一の宅地等

二 被相続人と生計を一にしていた当該被相続人の親族の居住の用に供されていた宅地等が二以上ある場合（次号に掲げる場合を除く。）　当該親族が主としてその居住の用に供していた一の宅地等（当該親族が２人以上ある場合には，当該親族ごとにそれぞれ主としてその居住の用に供していた一の宅地等。同号において同じ。）

三 被相続人及び当該被相続人と生計を一にしていた当該被相続人の親族の居住の用に供されていた宅地等が二以上ある場合　次に掲げる場合の区分に応じそれぞれ次に定める宅地等

　イ 当該被相続人が主としてその居住の用に供していた一の宅地等と当該親族が主としてその居住の用に供していた一の宅地等とが同一である場合　当該一の宅地等

　ロ イに掲げる場合以外の場合　当該被相続人が主としてその居住の用に供していた一の宅地等及び当該親族が主としてその居住の用に供していた一の宅地等

⑲ 減価償却費や固定資産税等の経費と差し引いてもある程度の利益があり，継続して貸付を行っていること。

⑳ 平成22年改正追加。

…

　　　　…

　16　法第69条の４第３項第４号に規定する政令で定める貸付事業は，同号に規定する貸付事業のうち準事業以外のもの（次項において「特定貸付事業」という。）とする。

租税特別措置法施行規則

第23条の2　法第69条の４第１項に規定する財務省令で定める建物又は構築物は，次に掲げる建物又は構築物以外の建物又は構築物とする。
　一　温室その他の建物で，その敷地が耕作（農地法第43条第１項の規定により耕作に該当するものとみなされる農作物の栽培を含む。次号において同じ。）の用に供されるもの
　二　暗渠その他の構築物で，その敷地が耕作の用又は耕作若しくは養畜のための採草若しくは家畜の放牧の用に供されるもの

租税特別措置法通達

（相続開始前３年以内の贈与財産及び相続時精算課税の適用を受ける財産）
69の4-1　措置法第69条の４第１項に規定する特例対象宅地等（以下69の５-11までにおいて「特例対象宅地等」という。）には，被相続人から贈与（贈与をした者の死亡により効力を生ずべき贈与（以下「死因贈与」という。）を除く。以下同じ。）により取得したものは含まれないため，相続税法（昭和25年法律第73号）第19条（（相続開始前３年以内に贈与があった場合の相続税額））の規定の適用を受ける財産及び相続時精算課税（同法第21条の９第３項（（相続時精算課税の選択））の規定（措置法第70条の２の６第１項，第70条の２の７第１項及び第70条の３第１項において準用する場合を含む。）をいう。以下70の７の２-３までにおいて同じ。）の適用を受ける財産については，措置法第69条の４第１項の規定の適用はないことに留意する。

（信託に関する権利）

69の4－2　特例対象宅地等には，個人が相続又は遺贈（死因贈与を含む。以下同じ。）により取得した信託に関する権利（相続税法第9条の2第6項ただし書に規定する信託に関する権利及び同法第9条の4第1項又は第2項の信託の受託者が，これらの規定により遺贈により取得したものとみなされる信託に関する権利を除く。）で，当該信託の目的となっている信託財産に属する宅地等（土地又は土地の上に存する権利で，措置法規則第23条の2第1項（(小規模宅地等についての相続税の課税価格の計算の特例)）に規定する建物又は構築物（以下69の4－24の3までにおいて「建物等」という。）の敷地の用に供されているものに限る。以下69の4－24の8までにおいて同じ。）が，当該相続の開始の直前において当該相続又は遺贈に係る被相続人又は被相続人と生計を一にしていたその被相続人の親族（以下69の4－24の8までにおいて「被相続人等」という。）の措置法第69条の4第1項に規定する事業の用又は居住の用に供されていた宅地等であるものが含まれることに留意する。

（公共事業の施行により従前地及び仮換地について使用収益が禁止されている場合）

69の4－3　特例対象宅地等には，個人が被相続人から相続又は遺贈により取得した被相続人等の居住用等（事業（措置法令第40条の2第1項に規定する準事業を含む。以下69の4－5までにおいて同じ。）の用又は居住の用をいう。以下69の4－3において同じ。）に供されていた宅地等（以下69の4－3において「従前地」という。）で，公共事業の施行による土地区画整理法（昭和29年法律第119号）第3章第3節（(仮換地の指定)）に規定する仮換地の指定に伴い，当該相続の開始の直前において従前地及び仮換地の使用収益が共に禁止されている場合で，当該相続の開始の時から相続税の申告書の提出期限（以下69の4－36までにおいて「申告期限」という。）までの間に当該被相続人等が仮換地を居住用等に供する予定が

なかったと認めるに足りる特段の事情がなかったものが含まれることに留意する。

(注) 被相続人等が仮換地を居住用等に供する予定がなかったと認めるに足りる特段の事情とは，例えば，次に掲げる事情がある場合をいうことに留意する。

(1) 従前地について売買契約を締結していた場合
(2) 被相続人等の居住用等に供されていた宅地等に代わる宅地等を取得（売買契約中のものを含む。）していた場合
(3) 従前地又は仮換地について相続税法第6章（(延納又は物納)）に規定する物納の申請をし又は物納の許可を受けていた場合

(被相続人等の事業の用に供されていた宅地等の範囲)

69の4-4 措置法第69条の4第1項に規定する被相続人等の事業の用に供されていた宅地等（以下69の4-18までにおいて「事業用宅地等」という。）とは，次に掲げる宅地等をいうものとする。

(1) 他に貸し付けられていた宅地等（当該貸付けが事業に該当する場合に限る。）
(2) (1)に掲げる宅地等を除き，被相続人等の事業の用に供されていた建物等で，被相続人等が所有していたもの又は被相続人の親族（被相続人と生計を一にしていたその被相続人の親族を除く。）が所有していたもの（被相続人等が当該建物等を当該親族から無償（相当の対価に至らない程度の対価の授受がある場合を含む。以下69の4-33までにおいて同じ。）で借り受けていた場合における当該建物等に限る。）の敷地の用に供されていたもの

(事業用建物等の建築中等に相続が開始した場合)

69の4-5 被相続人等の事業の用に供されている建物等の移転又は建替えのため当該建物等を取り壊し，又は譲渡し，これらの建物等に代わるべき建

物等（被相続人又は被相続人の親族の所有に係るものに限る。）の建築中に，又は当該建物等の取得後被相続人等が事業の用に供する前に被相続人について相続が開始した場合で，当該相続開始直前において当該被相続人等の当該建物等に係る事業の準備行為の状況からみて当該建物等を速やかにその事業の用に供することが確実であったと認められるときは，当該建物等の敷地の用に供されていた宅地等は，事業用宅地等に該当するものとして取り扱う。

なお，当該被相続人と生計を一にしていたその被相続人の親族又は当該建物等若しくは当該建物等の敷地の用に供されていた宅地等を相続若しくは遺贈により取得した当該被相続人の親族が，当該建物等を相続税の申告期限までに事業の用に供しているとき（申告期限において当該建物等を事業の用に供していない場合であっても，それが当該建物等の規模等からみて建築に相当の期間を要することによるものであるときは，当該建物等の完成後速やかに事業の用に供することが確実であると認められるときを含む。）は，当該相続開始直前において当該被相続人等が当該建物等を速やかにその事業の用に供することが確実であったものとして差し支えない。

(注)　当該建築中又は取得に係る建物等のうちに被相続人等の事業の用に供されると認められる部分以外の部分があるときは，事業用宅地等の部分は，当該建物等の敷地のうち被相続人等の事業の用に供されると認められる当該建物等の部分に対応する部分に限られる。

(被相続人等の居住の用に供されていた宅地等の範囲)

69の4－7　措置法第69条の4第1項に規定する被相続人等の居住の用に供されていた宅地等（以下69の4－8までにおいて「居住用宅地等」という。）とは，次に掲げる宅地等をいうものとする。

(1)　相続の開始の直前において，被相続人等の居住の用に供されていた家屋で，被相続人が所有していたもの（被相続人と生計を一にしていたその被相続人の親族が居住の用に供していたものである場合には，当該親族が被相続人から無償で借り受けていたものに限る。）又は被相続人の親族が所

有していたもの（当該家屋を所有していた被相続人の親族が当該家屋の敷地を被相続人から無償で借り受けており，かつ，被相続人等が当該家屋を当該親族から借り受けていた場合には，無償で借り受けていたときにおける当該家屋に限る。）の敷地の用に供されていた宅地等

(2) 措置法令第40条の２第２項に定める事由により被相続人の居住の用に供されなくなる直前まで，被相続人の居住の用に供されていた家屋で，被相続人が所有していたもの又は被相続人の親族が所有していたもの（当該家屋を所有していた被相続人の親族が当該家屋の敷地を被相続人から無償で借り受けており，かつ，被相続人が当該家屋を当該親族から借り受けていた場合には，無償で借り受けていたときにおける当該家屋に限る。）の敷地の用に供されていた宅地等（被相続人の居住の用に供されなくなった後，措置法第69条の４第１項に規定する事業の用又は新たに被相続人等以外の者の居住の用に供された宅地等を除く。）

（注）上記(1)及び(2)の宅地等のうちに被相続人等の居住の用以外の用に供されていた部分があるときは，当該被相続人等の居住の用に供されていた部分に限られるのであるが，当該居住の用に供されていた部分が，被相続人の居住の用に供されていた１棟の建物（建物の区分所有等に関する法律第１条の規定に該当する建物を除く。）に係るものである場合には，当該１棟の建物の敷地の用に供されていた宅地等のうち当該被相続人の親族の居住の用に供されていた部分が含まれることに留意する。

（要介護認定等の判定時期）

69の４－７の２ 被相続人が，措置法令第40条の２第２項１号に規定する要介護認定若しくは要支援認定又は同項第２号に規定する障害者支援区分の認定を受けていたかどうかは，当該被相続人が，当該被相続人の相続の開始の直前において当該認定を受けていたかにより判定するのであるから留意する。

(建物の区分所有等に関する法律第1条の規定に該当する建物)
69の4-7の3　措置法令第40条の2第4項及び第10項に規定する「建物の区分所有等に関する法律第1条の規定に該当する建物」とは、区分所有建物である旨の登記がされている建物をいうことに留意する。
(注)　上記の区分所有物とは、被災区分所有建物の再建等に関する特別措置法(平成7年法律第43号)第2条に規定する区分所有建物をいうことに留意する。

(居住用建物の建築中等に相続が開始した場合)
69の4-8　被相続人等の居住の用に供されると認められる建物(被相続人又は被相続人の親族の所有に係るものに限る。)の建築中に、又は当該建物の取得後被相続人等が居住の用に供する前に被相続人について相続が開始した場合には、当該建物の敷地の用に供されていた宅地等が居住用宅地等に当たるかどうか及び居住用宅地等の部分については、69の4-5((事業用建物等の建築中等に相続が開始した場合))に準じて取り扱う。
(注)　上記の取扱いは、相続の開始の直前において被相続人等が自己の居住の用に供している建物(被相続人等の居住の用に供されると認められる建物の建築中等に限り一時的に居住の用に供していたにすぎないと認められる建物を除く。)を所有していなかった場合に限り適用があるのであるから留意する。

(不動産貸付業等の範囲)
69の4-13　被相続人等の不動産貸付業、駐車場業又は自転車駐車場業については、その規模、設備の状況及び営業形態等を問わずすべて措置法第69条の4第3項第1号及び第4号に規定する不動産貸付業又は措置法令第40条の2第6項に規定する駐車場業若しくは自転車駐車場業に当たるのであるから留意する。
(注)　措置法令第40条の2第1項に規定する準事業は、上記の不動産貸付業、

駐車場業又は自転車駐車場業に当たらないことに留意する。

（宅地等を取得した親族が申告期限までに死亡した場合）

69の4－15　被相続人の事業用宅地等を相続又は遺贈により取得した被相続人の親族が当該相続に係る相続税の申告期限までに死亡した場合には，当該親族から相続又は遺贈により当該宅地等を取得した当該親族の相続人が，措置法第69条の4第3項第1号イ又は第4号イの要件を満たせば，当該宅地等は同項第1号に規定する特定事業用宅地等又は同項第4号に規定する貸付事業用宅地等に当たるのであるから留意する。

（注）　当該相続人について措置法第69条の4第3項第1号イ又は第4号イの要件に該当するかどうかを判定する場合において，同項第1号又は第4号の申告期限は，相続税法第27条第2項（（相続税の申告書））の規定による申告期限をいい，また，被相続人の事業（措置令第40条の2第1項に規定する事業を含む。以下69の4－15において同じ。）を引き継ぐとは，当該相続人が被相続人の事業を直接引き継ぐ場合も含まれるのであるから留意する。

（申告期限までに転業又は廃業があった場合）

69の4－16　措置法第69条の4第3項第1号イの要件の判定については，同号イの申告期限までに，同号イに規定する親族が当該宅地等の上で営まれていた被相続人の事業の一部を他の事業（同号に規定する事業に限る。）に転業しているときであっても，当該親族は当該被相続人の事業を営んでいるものとして取り扱う。

なお，当該宅地等が被相続人の営む2以上の事業の用に供されていた場合において，当該宅地等を取得した同号イに規定する親族が同号イの申告期限までにそれらの事業の一部を廃止したときにおけるその廃止に係る事業以外の事業の用に供されていた当該宅地等の部分については，当該宅地等の部分を取得した当該親族について同号イの要件を満たす限り，同号に規定する特

定事業用宅地等に当たるものとする。
(注)
1　措置法第69条の４第３項第４号イの要件の判定については，上記に準じて取り扱う。
2　措置法第69条の４第３項第１号ロ，同項第３号及び同項第４号ロの要件の判定については，上記のなお書に準じて取り扱う。

(申告期限までに宅地等の一部の譲渡又は貸付けがあった場合)
69の４－18　措置法第69条の４第３項第１号イ又はロの要件の判定については，被相続人等の事業用宅地等の一部が同号イ又はロの申告期限までに譲渡され，又は他に貸し付けられ，同号の親族（同号イの場合にあっては，その親族の相続人を含む。）の同号イ又はロに規定する事業の用に供されなくなったときであっても，当該譲渡され，又は貸し付けられた宅地等の部分以外の宅地等の部分については，当該親族について同号イ又はロの要件を満たす限り，同号に規定する特定事業用宅地等に当たるものとして取り扱う。
(注)　措置法第69条の４第３項第３号の要件の判定については，上記に準じて取り扱う。

(申告期限までに事業用建物等を建て替えた場合)
69の４－19　措置法第69条の４第３項第１号イ又はロの要件の判定において，同号に規定する親族（同号イの場合にあっては，その親族の相続人を含む。）の事業の用に供されている建物等が同号イ又はロの申告期限までに建替え工事に着手された場合に，当該宅地等のうち当該親族により当該事業の用に供されると認められる部分については，当該申告期限においても当該親族の当該事業の用に供されているものとして取り扱う。
(注)　措置法第69条の４第３項第２号イ及びハ，同項第３号並びに同項第４号イ及びロの要件の判定については，上記に準じて取り扱う。

(被相続人の居住用家屋に居住していた親族の範囲)
69の4－21　措置法第69条の4第3項第2号ロに規定する当該被相続人の居住の用に供されていた家屋に居住していた親族とは，当該被相続人に係る相続の開始の直前において当該家屋で被相続人と共に起居していたものをいうのであるから留意する。この場合において，当該被相続人の居住の用に供されていた家屋については，当該被相続人が1棟の建物でその構造上区分された数個の部分の各部分（以下69の4－21において「独立部分」という。）を独立して住居その他の用途に供することができるものの独立部分の一に居住していたときは，当該独立部分をいうものとする。

(「当該親族の配偶者」等の意義)
69の4－22　措置法第69条の4第3項第2号ロ(1)に規定する「当該親族の配偶者，当該親族の三親等内の親族又は当該親族と特別の関係がある法人」とは，相続の開始の直前において同号に規定する親族の配偶者，当該親族の三親等内の親族又は当該親族と特別の関係がある法人である者をいうものとする。

(平成30年改正法附則による特定居住用宅地等に係る経過措置について)
69の4－22の2　所得税法等の一部を改正する法律（平成30年法律第7号。以下69の4－22の2及び69の4－24の8において「平成30年改正法」という。）附則第118条第2項（（相続税及び贈与税の特例に関する経過措置））に規定する経過措置対象宅地等（以下69の4－22の2において「経過措置対象宅地等」という。）については，次の経過措置が設けられていることに留意する。
　(1)　個人が平成30年4月1日から平成32年3月31日までの間に相続又は遺贈により取得をした経過措置対象宅地等については，措置法第69条の4第3項第2号に規定する親族に係る要件は，同号イからハまでに掲げる要件のいずれか又は平成30年改正法による改正前の措置法第69条の4第3項第2

号ロに掲げる要件とする。
(2) 個人が平成32年4月1日以後に相続又は遺贈により取得をした財産のうちに経過措置対象宅地等がある場合において、同年3月31日において当該経過措置対象宅地等の上に存する建物の新築又は増築その他の工事が行われており、かつ、当該工事の完了前に相続又は遺贈があったときは、その相続又は遺贈に係る相続税の申告期限までに当該個人が当該建物を自己の居住の用に供したときは、当該経過措置対象宅地等は相続開始の直前において当該相続又は遺贈に係る被相続人の居住の用に供されていたものと、当該個人は措置法第69条の4第3項第2号イに掲げる要件を満たす親族とそれぞれみなす。

(注)
1 経過措置対象宅地等とは、平成30年3月31日に相続又は遺贈があったものとした場合に、平成30年改正法による改正前の措置法第69条の4第1項に規定する特例対象宅地等（同条第3項第2号に規定する特定居住用宅地等のうち同号ロに掲げる要件を満たすものに限る。）に該当することとなる宅地等をいうことに留意する。
2 「工事の完了」とは、新築又は増築その他の工事に係る請負人から新築された建物の引渡しを受けたこと又は増築その他の工事に係る部分につき引渡しを受けたことをいうことに留意する。

（法人の事業の用に供されていた宅地等の範囲）

69の4-23 措置法第69条の4第3項第3号に規定する法人の事業の用に供されていた宅地等とは、次に掲げる宅地等のうち同号に規定する法人（同号に規定する申告期限において清算中の法人を除く。以下69の4-24までにおいて同じ。）の事業の用に供されていたものをいうものとする。
(1) 当該法人に貸し付けられていた宅地等（当該貸付けが同条第1項に規定する事業に該当する場合に限る。）
(2) 当該法人の事業の用に供されていた建物等で、被相続人が所有していた

もの又は被相続人と生計を一にしていたその被相続人の親族が所有していたもの（当該親族が当該建物等の敷地を被相続人から無償で借り受けていた場合における当該建物等に限る。）で，当該法人に貸し付けられていたもの（当該貸付けが同項に規定する事業に該当する場合に限る。）の敷地の用に供されていたもの

　(注)　措置法第69条の4第3項第3号に規定する法人の事業には，不動産貸付業その他措置法令第40条の2第6項に規定する駐車場，自転車駐車場及び準事業が含まれないことに留意する。

（被相続人等の貸付事業の用に供されていた宅地等）

69の4-24の2　宅地等が措置法第69条の4第3項第4号に規定する被相続人等の貸付事業（以下69の4-24の8までにおいて「貸付事業」という。）の用に供されていた宅地等に該当するかどうかは，当該宅地等が相続開始の時において現実に貸付事業の用に供されていたかどうかで判定するのであるが，貸付事業の用に供されていた宅地等には，当該貸付事業に係る建物等のうちに相続開始の時において一時的に賃貸されていなかったと認められる部分がある場合における当該部分に係る宅地等の部分が含まれることに留意する。

　(注)　69の4-5の取扱いがある場合を除き，新たに貸付事業の用に供する建物等を建築中である場合や，新たに建築した建物等に係る賃借人の募集その他の貸付事業の準備行為が行われているに過ぎない場合には，当該建物等に係る宅地等は貸付事業の用に供されていた宅地等に該当しないことに留意する。

（新たに貸付事業の用に供されたか否かの判定）

69の4-24の3　措置法第69条の4第3項第4号の「新たに貸付事業の用に供された」とは，貸付事業の用以外の用に供されていた宅地等が貸付事業の用に供された場合又は宅地等若しくはその上にある建物等につき「何らの

利用がされていない場合」の当該宅地等が貸付事業の用に供された場合をいうことに留意する。

したがって，賃貸借契約等につき更新がされた場合は，新たに貸付事業の用に供された場合に該当しないことに留意する。

また，次に掲げる場合のように，貸付事業に係る建物等が一時的に賃貸されていなかったと認められるときには，当該建物等に係る宅地等は，上記の「何らの利用がされていない場合」に該当しないことに留意する。

(1) 継続的に賃貸されていた建物等につき賃借人が退去をした場合において，その退去後速やかに新たな賃借人の募集が行われ，賃貸されていたとき（新たな賃借人が入居するまでの間，当該建物等を貸付事業の用以外の用に供していないときに限る。）

(2) 継続的に賃貸されていた建物等につき建替えが行われた場合において，建物等の建替え後速やかに新たな賃借人の募集が行われ，賃貸されていたとき（当該建替え後の建物等を貸付事業の用以外の用に供していないときに限る。）

(3) 継続的に賃貸されていた建物等が災害により損害を受けたため，当該建物等に係る貸付事業を休業した場合において，当該貸付事業の再開のための当該建物等の修繕その他の準備が行われ，当該貸付事業が再開されていたとき（休業中に当該建物等を貸付事業の用以外の用に供していないときに限る。）

(注)

1 建替えのための建物等の建築中に相続が開始した場合には69の4－5の取扱いが，また，災害による損害のための休業中に相続が開始した場合には69の4－17の取扱いが，それぞれあることに留意する。

2 (1)，(2)又は(3)に該当する場合には，当該宅地等に係る「新たに貸付事業の用に供された」時は，(1)の退去前，(2)の建替え前又は(3)の休業前の賃貸に係る貸付事業の用に供された時となることに留意する。

3 (2)に該当する場合において，建替え後の建物等の敷地の用に供された

宅地等のうちに，建替え前の建物等の敷地の用に供されていなかった宅地等が含まれるときは，当該供されていなかった宅地等については，新たに貸付事業の用に供された宅地等に該当することに留意する。

（特定貸付事業の意義）

69の4－24の4 措置法令第40条の2第16項に規定する特定貸付事業（以下69の4－24の8までにおいて「特定貸付事業」という。）は，貸付事業のうち準事業以外のものをいうのであるが，被相続人等の貸付事業が準事業以外の貸付事業に当たるかどうかについては，社会通念上事業と称するに至る程度の規模で当該貸付事業が行われていたかどうかにより判定することに留意する。

なお，この判定に当たっては，次によることに留意する。

(1) 被相続人等が行う貸付事業が不動産の貸付けである場合において，当該不動産の貸付けが不動産所得（所得税法（昭和40年法律第33号）第26条第1項（(不動産所得)）に規定する不動産所得をいう。以下(1)において同じ。）を生ずべき事業として行われているときは，当該貸付事業は特定貸付事業に該当し，当該不動産の貸付けが不動産所得を生ずべき事業以外のものとして行われているときは，当該貸付事業は準事業に該当すること。

(2) 被相続人等が行う貸付事業の対象が駐車場又は自転車駐車場であって自己の責任において他人の物を保管するものである場合において，当該貸付事業が同法第27条第1項（(事業所得)）に規定する事業所得を生ずべきものとして行われているときは，当該貸付事業は特定貸付事業に該当し，当該貸付事業が同法第35条第1項（(雑所得)）に規定する雑所得を生ずべきものとして行われているときは，当該貸付事業は準事業に該当すること。

（注） (1)又は(2)の判定を行う場合においては，昭和45年7月1日付直審（所）30「所得税基本通達の制定について」（法令解釈通達）26－9（(建物の貸付けが事業として行われているかどうかの判定)）及び27－2（(有料駐車場等の所得)）の取扱いがあることに留意する。

(特定貸付事業が引き続き行われていない場合)
69の4－24の5　相続開始前3年以内に宅地等が新たに被相続人等が行う特定貸付事業の用に供された場合において，その供された時から相続開始の日までの間に当該被相続人等が行う貸付事業が特定貸付事業に該当しないこととなったときは，当該宅地等は，相続開始の日まで3年を超えて引き続き特定貸付事業を行っていた被相続人等の貸付事業の用に供されたものに該当せず，措置法第69条の4第3項第4号に規定する貸付事業用宅地等の対象となる宅地等から除かれることに留意する。
(注)　被相続人等が行っていた特定貸付事業が69の4－24の3に掲げる場合に該当する場合には，当該特定貸付事業は，引き続き行われているものに該当することに留意する。

(特定貸付事業を行っていた「被相続人等の当該貸付事業の用に供された」の意義)
69の4－24の6　措置法第69条の4第3項第4号の特定貸付事業を行っていた「被相続人等の当該貸付事業の用に供された」とは，特定貸付事業を行う被相続人等が，宅地等をその自己が行う特定貸付事業の用に供した場合をいうのであって，次に掲げる場合はこれに該当しないことに留意する。
(1)　被相続人が特定貸付事業を行っていた場合に，被相続人と生計を一にする親族が宅地等を自己の貸付事業の用に供したとき
(2)　被相続人と生計を一にする親族が特定貸付事業を行っていた場合に，被相続人又は当該親族以外の被相続人と生計を一にする親族が宅地等を自己の貸付事業の用に供したとき

(相続開始前3年を超えて引き続き貸付事業の用に供されていた宅地等の取扱い)
69の4－24の7　相続開始前3年を超えて引き続き被相続人等の貸付事業の用に供されていた宅地等については，措置法令第40条の2第16項に規定す

る特定貸付事業以外の貸付事業に係るものであっても、措置法第69条の４第３項第４号イ又はロに掲げる要件を満たす当該被相続人の親族が取得した場合には、同号に規定する貸付事業用宅地等に該当することに留意する。

（注）　被相続人等の貸付事業の用に供されていた宅地等が69の４－24の３に掲げる場合に該当する場合には、当該宅地等は引き続き貸付事業の用に供されていた宅地等に該当することに留意する。

（平成30年改正法附則による貸付事業用宅地等に係る経過措置について）

69の４－24の８　平成30年改正法附則第118条第４項の規定により、平成30年４月１日から平成33年３月31日までの間に相続又は遺贈により取得をした宅地等については、平成30年４月１日以後に新たに貸付事業の用に供されたもの（相続開始の日まで３年を超えて引き続き特定貸付事業を行っていた被相続人等の当該特定貸付事業の用に供されたものを除く。）が、措置法第69条の４第３項第４号に規定する貸付事業用宅地等の対象となる宅地等から除かれることに留意する。

（共同相続人等が特例対象宅地等の分割前に死亡している場合）

69の４－25　相続又は遺贈により取得した特例対象宅地等の全部又は一部が共同相続人又は包括受遺者（以下69の５－11までにおいて「共同相続人等」という。）によって分割される前に、当該相続（以下69の４－25において「第一次相続」という。）に係る共同相続人等のうちいずれかが死亡した場合において、第一次相続により取得した特例対象宅地等の全部又は一部が、当該死亡した者の共同相続人等及び第一次相続に係る当該死亡した者以外の共同相続人等によって分割され、その分割により当該死亡した者の取得した特例対象宅地等として確定させたものがあるときは、措置法第69条の４第１項の規定の適用に当たっては、その特例対象宅地等は分割により当該死亡した者が取得したものとして取り扱うことができる。

（注）　第一次相続に係る共同相続人等のうちいずれかが死亡した後、第一次

相続により取得した財産の全部又は一部が家庭裁判所における調停又は審判（以下69の5－9までにおいて「審判等」という。）に基づいて分割されている場合において，当該審判等の中で，当該死亡した者の具体的相続分（民法第900条（（法定相続分））から第904条の2（（寄与分））までに規定する相続分をいう。以下69の5－9までにおいて同じ。）のみが金額又は割合によって示されているにすぎないときであっても，当該死亡した者の共同相続人等の全員の合意により，当該死亡した者の具体的相続分に対応する財産として特定させたもののうちに特例対象宅地等があるときは上記の取扱いができることに留意する。

（申告書の提出期限後に分割された特例対象宅地等について特例の適用を受ける場合）

69の4－26　相続税法第27条の規定による申告書の提出期限後に特例対象宅地等の全部又は一部が分割された場合には，当該分割された日において他に分割されていない特例対象宅地等又は措置法令第40条の2第3項に規定する特例対象株式等若しくは特例対象山林があるときであっても，当該分割された特例対象宅地等の全部又は一部について，措置法第69条の4第1項の規定の適用を受けるために同条第5項において準用する相続税法第32条の規定による更正の請求を行うことができるのは，当該分割された日の翌日から4月以内に限られており，当該期間経過後において当該分割された特例対象宅地等について同条の規定による更正の請求をすることはできないことに留意する。

【参考文献】

高橋安志『事例で理解する　小規模宅地特例の活用』ぎょうせい（2012）
笹岡宏保『詳解　小規模宅地等の課税特例の実務―重要項目の整理と理解』清文社（2011）
後宏治「小規模宅地特例の整備と拡充」『税経通信』（2013年4月号）税務経理協会
税務研究会・資産税研究会　特別セミナー　鬼塚太美・飯塚美幸稿2016年6月23日「厳選!!資産税事例研究（小規模宅地特例編）」～税理士が悩んだ事例を元国税局担当官と専門家が検討!!～セミナー資料

国税庁ホームページ　質疑応答事例「遺留分減殺に伴う修正申告及び更正の請求における小規模宅地等の選択替えの可否」
国税不服審判所ホームページ　裁決事例集No.71（平成18年6月6日裁決）
辻・本郷　税理士法人『かしこい相続・贈与の節税常識（増補改訂版）』東峰書房（2017）
厚生労働省ホームページ　介護医療院の概要
一般社団法人日税連税法データベース　TAINSコード　Z888-2017

著者紹介

辻・本郷 税理士法人

平成14年4月設立。

東京新宿に本店を置き，国内61拠点，国外7拠点を展開する，国内最大規模を誇る税理士法人。

全スタッフ数1,292名，うち公認会計士63名・税理士207名＜平成30年4月1日現在＞。

税務顧問業務，税務コンサルティング，税務セカンドオピニオン，国際税務，移転価格コンサルティング，相続・事業承継コンサルティング，事業再編，企業再生・M&Aコンサルティング，アウトソーシングサービス，公会計コンサルティング，医療コンサルティング，公益法人コンサルティング，社会福祉法人コンサルティングなど，各税務分野別に専門特化したプロフェッショナル集団。弁護士，司法書士，不動産鑑定士との連携により顧客の立場に立った最高水準のサービスとあらゆるニーズに応える総合力に定評がある。

〒163-0631　東京都新宿区西新宿1－25－1　新宿センタービル31階
　　　　　URL　http://www.ht-tax.or.jp/

木村信夫	宮村百合子	武藤泰豊	二ノ宮伸幸	松浦真義
前田智美	黒仁田健	田村ひろ美	島田亮子	山口拓也
伊藤健司	萱原雅史	黒須友也	渡辺悠貴	薗田優子
小田嶋恒司	井口麻里子	深澤和雅	野呂匠	

＜全国事務所一覧＞

新宿ミライナタワー事務所【東京都新宿区】
〒160-0022　東京都新宿区新宿４−１−６　JR新宿ミライナタワー28階
TEL　03−5323−3301（代）　　FAX　03−5323−3302

札幌事務所【北海道】
〒060-0002　北海道札幌市中央区北２条西４−１　北海道ビル７階
TEL：011−272−1031／FAX：011−272−1032

青森事務所【青森県】
〒030-0861　青森県青森市長島２−13−１　AQUA青森スクエアビル４階
TEL：017−777−8581／FAX：017−721−6781

八戸事務所【青森県】
〒031-0072　青森県八戸市城下４−25−５
TEL：0178−45−1131／FAX：0178−45−5160

秋田事務所【秋田県】
〒010-0954　秋田県秋田市山王沼田町６−34
TEL：018−862−3019／FAX：018−862−3944

久慈事務所【岩手県】
〒028-0064　岩手県久慈市八日町２−８　中野ビル２階
TEL：0194−53−1185／FAX：0194−53−1330

盛岡事務所【岩手県】
〒020-0021　岩手県盛岡市中央通２−11−18　明治中央通ビル５階
TEL：019−604−6868／FAX：019−604−6866

遠野事務所【岩手県】
〒028-0541　岩手県遠野市松崎町白岩16地割31−８
TEL：0198−63−1313／FAX：0198−63−1317

一関事務所【岩手県】
〒021-0893　岩手県一関市地主町６−１
TEL：0191−21−1186／FAX：0191−26−1665

仙台事務所【宮城県】
〒980-0021　宮城県仙台市青葉区中央３−２−１　青葉通プラザ２階
TEL：022−263−7741／FAX：022−263−7742

福島事務所【福島県】
　〒960-8114　福島県福島市松浪町４－23　同仁社ビル４階
　TEL：024－534－7789／FAX：024－534－7793

郡山事務所【福島県】
　〒963-8002　福島県郡山市駅前１－15－６　明治安田生命郡山ビル５階
　TEL：024－927－0881／FAX：024－927－0882

新潟事務所【新潟県】
　〒950-0087　新潟県新潟市中央区東大通２－３－28　パーク新潟東大通ビル５階
　TEL：025－255－5022／FAX：025－248－9177

上越事務所【新潟県】
　〒943-0892　新潟県上越市寺町３－８－８
　TEL：025－524－3239／FAX：025－524－3187

水戸事務所【茨城県】
　〒310-0903　茨城県水戸市堀町1163－７
　TEL：029－252－7775／FAX：029－254－7094

館林事務所【群馬県】
　〒374-0024　群馬県館林市本町２－５－48　マルゼンビル６階
　TEL：0276－76－2011／FAX：0276－76－2012

柏事務所【千葉県】
　〒277-0023　千葉県柏市中央１－１－１　ちばぎん柏ビル４階
　TEL：047－165－8801／FAX：047－165－8802

松戸事務所【千葉県】
　〒271-0092　千葉県松戸市松戸1292－１　シティハイツ松戸205号
　TEL：047－331－7781／FAX：047－331－7786

船橋事務所【千葉県】
　〒273-0005　千葉県船橋市本町４－40－23　SADOYA SOUTHERN TERRACE ６階
　TEL：047－460－0107／FAX：047－460－0108

深谷事務所【埼玉県】
　〒366-0052　埼玉県深谷市上柴町西４－17－３
　TEL：048－571－4619／FAX：048－571－8158

越谷事務所【埼玉県】
　〒343-0808　埼玉県越谷市赤山本町2−11　プランドール雅Ⅱ202号室
　TEL：048−960−1751／FAX：048−960−1752

大宮事務所【埼玉県】
　〒330-0854　埼玉県さいたま市大宮区桜木町1−7−5　ソニックシティビル18階
　TEL：048−650−5211／FAX：048−650−5212

川口東事務所【埼玉県】
　〒332-0012　埼玉県川口市本町4−1−8　川口センタービル6階
　TEL：048−227−1260／FAX：048−227−1261

西新井事務所【東京都足立区】
　〒123-0842　東京都足立区栗原3−10−19−307
　TEL：03−3848−3767／FAX：03−3848−3791

東京中央事務所【東京都千代田区】
　〒100-0005　東京都千代田区丸の内2−2−3　丸の内仲通りビル7階
　TEL：03−6212−5801／FAX：03−6212−5802

東京丸の内事務所【東京都千代田区】
　〒100-0005　東京都千代田区丸の内1−9−1　丸の内中央ビル10階
　TEL：03−6212−2830／FAX：03−6212−2831

神田事務所【東京都千代田区】
　〒101-0047　東京都千代田区内神田3−20−3　小鍛冶ビル8階
　TEL：03−5289−0818／FAX：03−5289−0819

代々木事務所【東京都渋谷区】
　〒151-0053　東京都渋谷区代々木1−36−4　全理連ビル5階
　TEL：03−5333−1545／FAX：03−5333−1546

渋谷事務所【東京都渋谷区】
　〒150-0002　東京都渋谷区渋谷2−15−1　渋谷クロスタワー13階
　TEL：03−6418−6761／FAX：03−6418−6762

品川事務所【東京都港区】
　〒108-0074　東京都港区高輪3−26−33　京急第10ビル3階
　TEL：03−5791−5731／FAX：03−5791−5732

芝事務所【東京都港区】
　〒105-0014　東京都港区芝３－５－７　カレッタ芝３階
　TEL：03－6435－1711／FAX：03－6435－2245

池袋事務所【東京都豊島区】
　〒171-0021　東京都豊島区西池袋１－７－７　東京西池袋ビルディング12階
　TEL：03－5396－7491／FAX：03－5396－7492

新宿アルタ事務所【東京都新宿区】
　〒160-0022　東京都新宿区新宿３－32－10　松井ビル８階
　TEL：03－5919－2680／FAX：03－5919－2670

吉祥寺事務所【東京都武蔵野市】
　〒180-0004　東京都武蔵野市吉祥寺本町１－14－５　吉祥寺本町ビル７階
　TEL：0422－28－5515／FAX：0422－28－5516

立川事務所【東京都立川市】
　〒190-0012　東京都立川市曙町２－38－５　立川ビジネスセンタービル10階
　TEL：042－548－1841／FAX：042－548－1842

町田事務所【東京都町田市】
　〒194-0021　東京都町田市中町１－１－16　東京建物町田ビル９階
　TEL：042－710－6920／FAX：042－710－6921

東大和事務所【東京都東大和市】
　〒207-0031　東京都東大和市奈良橋５－775
　TEL：042－565－1564／FAX：042－563－0189

大和事務所【神奈川県】
　〒242-0017　神奈川県大和市大和東３－８－16
　TEL：046－262－8332／FAX：046－262－5650

横浜事務所【神奈川県】
　〒220-0004　神奈川県横浜市西区北幸１－11－11　NMF横浜西口ビル４階
　TEL：045－328－1557／FAX：045－328－1558

湘南事務所【神奈川県】
　〒251-0055　神奈川県藤沢市南藤沢４－３　日本生命南藤沢ビル４階
　TEL：0466－55－0012／FAX：0466－55－0032

小田原事務所【神奈川県】
　〒250-0011　神奈川県小田原市栄町１－８－１　Ｙ＆Ｙビル６階
　TEL：0465－40－2100／FAX：0465－40－2101

甲府事務所【山梨県甲府市】
　〒400-0046　山梨県甲府市下石田２－５－９
　TEL：055－228－5722／FAX：055－228－5723

甲府中央事務所【山梨県甲府市】
　〒400-0845　山梨県甲府市上今井町684－6
　TEL：055－241－7522／FAX：055－241－7578

大月事務所【山梨県南都留郡】
　〒401-0301　山梨県南都留郡富士河口湖町船津642番地の4
　TEL：0555－72－0505／FAX：0555－72－0905

伊東事務所【静岡県東部】
　〒414-0002　静岡県伊東市湯川１－３－３　上條ビル５階
　TEL：0557－37－6706／FAX：0557－37－8988

名古屋事務所【愛知県】
　〒460-0008　愛知県名古屋市中区栄４－２－29　名古屋広小路プレイス５階
　TEL：052－269－0712／FAX：052－269－0713

豊橋事務所【愛知県】
　〒440-0086　愛知県豊橋市下地町字長池13番地
　TEL：0532－54－3000／FAX：0532－54－3002

四日市事務所【三重県】
　〒510-0822　三重県四日市市芝田１－３－23
　TEL：059－352－7622／FAX：059－351－2988

京都事務所【京都府】
　〒600-8009　京都府京都市下京区四条通室町東入函谷鉾町79番地
　　　　　　　ヤサカ四条烏丸ビル６階
　TEL：075－255－2538／FAX：075－255－2539

豊中事務所【大阪府】
　〒560-0021　大阪府豊中市本町１－１－１　豊中阪急ビル６階
　TEL：06－4865－3340／FAX：06－4865－3341

大阪事務所【大阪府】
　〒541-0045　大阪府大阪市中央区道修町４－６－５　淀屋橋サウスビル６階
　TEL：06－6227－0011／FAX：06－6227－0063

堺事務所【大阪府】
　〒590-0985　大阪府堺市堺区戎島町３－22－１　南海堺駅ビル412号室
　TEL：072－224－1006／FAX：072－224－1007

神戸事務所【兵庫県】
　〒651-0087　兵庫県神戸市中央区御幸通６－１－10　オリックス神戸三宮ビル10階
　TEL：078－261－0101／FAX：078－261－0120

岡山事務所【岡山県】
　〒700-0815　岡山県岡山市北区野田屋町１－１－15　岡山桃太郎大通りビル７階
　TEL：086－226－8555／FAX：086－226－8556

広島事務所【広島県】
　〒730-0051　広島県広島市中区大手町２－11－２　グランドビル大手町９階
　TEL：082－553－8220／FAX：082－553－8221

北九州事務所【福岡県】
　〒802-0003　福岡県北九州市小倉北区米町１－２－26　日幸北九州ビル４階
　TEL：093－512－5760／FAX：093－512－5761

福岡事務所【福岡県】
　〒812-0012　福岡県福岡市博多区博多駅中央街８－１　JRJP博多ビル８階
　TEL：092－477－2380／FAX：092－477－2381

大分事務所【大分県】
　〒870-0035　大分県大分市中央町１－１－３　朝日生命大分ビル４階
　TEL：097－532－2748／FAX：097－538－7006

延岡事務所【宮崎県】
　〒882-0823　宮崎県延岡市中町１－２－８　第一生命ビル
　TEL：0982－22－3570／FAX：0982－31－2789

沖縄事務所【沖縄県】
　〒900-0029　沖縄県那覇市旭町１－９　カフーナ旭橋Ｂ街区ビル１階
　TEL：098－941－3230／FAX：098－941－3231

仙台HR事務所【宮城県】
〒980-0811　宮城県仙台市青葉区一番町1丁目11－9　仙台リエゾン202
TEL: 022－209-5862／FAX：022－209-5858

著者との契約により検印省略	

平成26年3月25日	初　版　発　行	ここからはじめる！　これならわかる！	
平成27年3月25日	改訂版　発　行	**小規模宅地特例の入門Q&A**	
平成29年3月25日	第 3 版　発　行	【第4版】	
平成30年8月25日	第 4 版　発　行		

著　　者	辻・本郷　税理士法人	
発　行　者	大　坪　克　行	
印　刷　所	光栄印刷株式会社	
製　本　所	牧製本印刷株式会社	

発　行　所	〒161-0033 東京都新宿区 下落合2丁目5番13号	株式会社　**税務経理協会**
	振　替　00190-2-187408	電話　(03)3953-3301（編集部）
	FAX　(03)3565-3391	(03)3953-3325（営業部）
	URL　http://www.zeikei.co.jp/	
	乱丁・落丁の場合は、お取替えいたします。	

© 辻・本郷　税理士法人　2018　　　　　　　　　　　　　Printed in Japan

本書の無断複写は著作権法上での例外を除き禁じられています。複写される場合は、そのつど事前に、（社）出版者著作権管理機構（電話 03-3513-6969, FAX 03-3513-6979, e-mail：info@jcopy.or.jp）の許諾を得てください。

JCOPY ＜（社）出版者著作権管理機構　委託出版物＞

ISBN978-4-419-06572-0　C3032